Der kleine
Norwegen
Verführer

Hier, wo die Welt endet,
nimmt auch meine Neugier ein Ende.

Francesco Negri (1624–98),
erster Nordkap-Tourist

BRUCKMANN

Bernhard Pollmann • Martin Schulte-Kellinghaus • Erich Spiegelhalter

Der kleine
Norwegen
Verführer

Impressionen aus dem
Land der Fjorde und
Wikinger

BRUCKMANN

Inhalt

Trøndelag – Norwegens Kernland

Trondheim – Dovrefjell – Fokstumyra-Moor

Im Trøndelag schlägt seit den Wikingerzeiten Norwegens Herz: Moschusochsen traben durchs Dovrefjell, der Nidarosdom in Trondheim ist Skandinaviens größte Kathedrale, der im Børgefjell-Nationalpark entspringende Namsen zählt zu den besten Lachsflüssen Nordeuropas.

Der Norden – Im Reich der Mitternachtssonne

Sieben Schwestern – Tromsø – Nordkap – Lofoten

Der Polarkreis ist die unsichtbare Grenze zum Land der Mitternachtssonne, wer sie überschreitet, sieht die Lofoten und die anderen Wunder des Nordlands und der Finnmark auch nachts wie in einem magischen Licht und lässt sich im Winter von Polarlichtern verzaubern.

Die Top Ten Norwegens

Der berühmten Wasserfall »Sieben Schwestern« am Geirangerfjord steht unter dem Schutz der UNESCO. Die Fallhöhe liegt bei bis zu 300 Metern.

Grandiose Natur im hohen Norden erleben

Im Land der Mitternachtssonne

Fjorde, Mitternachtssonne, ewiges Eis: Die Fahrt mit einem der Hurtigruten-Schiffe von der Weltkulturerbe-Stadt Bergen längs der Westküste und durch die Lofoten-Inselgruppe nach Kirkenes an der Barentssee zählt zu den schönsten Schiffsreisen der Erde. 1893 wurde die »Schnellroute« als Fracht- und Postdienst gegründet, heute werden die Reisen mit den luxuriösen Schiffen meist als Kreuzfahrten angeboten – elf unvergessliche Tage dauert die hin und zurück zweimal 2920 Kilometer lange Fahrt, auf der zur Mittsommerzeit die Sonne nördlich des Polarkreises nicht untergeht. Der Fahrplan ist so eingerichtet, dass die Schiffe in den Häfen, die sie während der Hinfahrt nachts anlaufen, auf der Rückfahrt tagsüber anlegen, sodass die Passagiere während der Hin- und Rückfahrt tatsächlich die gesamte Küste erleben.

Die Hurtigruten-Kreuzfahrt kann durch Landausflüge ergänzt werden. Die unterschiedlich langen Ausflüge umfassen Museumsbesuche, Stadtbesichtigungen, den Abstecher zum Nordkap oder die Fahrt vom Geirangerfjord über den Trollstigen in die Jugendstilstadt Ålesund. Sie werden mit Bussen und kleineren Schiffen sowie jahreszeitlich mit Schneemobilen, Speedbooten oder Husky-Gespannen durchgeführt. Eventuelle Ausrüstung wie Thermohandschuhe, Spezialstiefel usw. werden gestellt.

Kapitän Richard With aus Tromsø initiierte die Hurtigrute Ende des 19. Jahrhunderts als Post- und Frachtschifffahrtslinie. Da die Schiffe damals wegen der Gefährlichkeit des Küstenfahrwassers nachts vor Anker lagen, wurde er für verrückt erklärt, als er eine ganzjährig Tag und Nacht befahrene Schiffsverbindung vorschlug. Am 2. Juli 1893 startete der erfahrene Kapitän mit der »DS Vesteraalen« von Trondheim nach Hammerfest zur erfolgreichen ersten Hurtigrutenfahrt. 1898 folgte die

Links: Die meisten Einwohner von Kautokeino hoch im Norden sind Samen. –
Rechts: In den kurzen Sommern erstrahlt die Landschaft in besonders leuchtenden Farben.

Südverbindung nach Bergen, seit 1914 ist Kirkenes an der Barentssee der nördliche Wendepunkt.

Mit der Hurtigrute nutzte Norwegen erstmals seit der Wikingerzeit wieder die vom Golfstrom erwärmte See im Küstenbereich als ganzjährig befahrbare Verbindung zwischen West-, Mittel- und Nordnorwegen. Im Winter avancierte die Hurtigrute zum Rückgrat der norwegischen Verkehrsinfrastruktur, da das Landesinnere bis weit ins 20. Jahrhundert hinein kaum durch Straßen und Eisenbahnen erschlossen war. Während die wenigen Straßen im Winter unpassierbar waren, steuerten die für ihre Erfahrung und Zuverlässigkeit berühmten Hurtigruten-Kapitäne ihre »Postschiffe« auch durch Winterstürme und brachten Passagiere und Fracht »hurtig« ans Ziel.

Von Bergen in den hohen Norden

Jeden Abend startet ein Hurtigruten-Schiff in der Hansestadt Bergen nordwärts, durchfährt die Inselwelt im Einzugsbereich von Sogne- und Nordfjord, läuft die Häfen Florø, Måløy und Torvik an und erreicht am

folgenden Morgen die Jugendstilstadt Ålesund, von der aus im Sommer der Abstecher in den Geirangerfjord angeboten wird.

Von Måløy geht die Seereise längs der Insel Vågsøy durch den Ulvesund. Vor der Nordspitze der Insel blinkt das Leuchtfeuer Skogsnes fyr; der Leuchtturm Kråkenes fyr an der Nordwestspitze von Vågsøy steht an der stürmischsten Stelle Norwegens, die Wellen schlagen zuweilen 45 Meter bis zum Leuchtturm hinauf. Nach Durchfahren der Bucht Sildegapet umfährt die Hurtigrute die Halbinsel Stadland mit Norwegens Westkap. Durch die Bucht Vanylvsgapet verläuft die Grenze zwischen den Provinzen Sogn og Fjordane und Møre og Romsdal: Auf der Backbordseite liegen die Sunnmøre-Inseln Kvamsøy und Sandøy, auf der Steuerbordseite ragen die Gipfel der Insel Gurskøy bis zu 661 Meter aus dem Meer. Die Schiffe folgen in etwa der Route, die der Polarforscher und spätere Friedensnobelpreisträger Fridtjof Nansen an Mittsommer 1893 mit der »Fram« befuhr. In seinem Expeditionsbericht »In Nacht und Eis« (1897) schreibt er über die Abfahrt in Bergen: »Nordwärts die Röte des verschwindenden Tages, hinter uns der Mond groß und rund über den Bergen. Vorn ragten Alden und Kinn wie ein Märchenland aus der See empor. So müde ich auch war, konnte ich mich doch nicht entschließen, meine Koje aufzusuchen, ich musste all diese Schönheit in langen, erfrischenden Zügen einsaugen. Wie Balsam legt es sich auf die Seele ...«
Nordöstlich der Jugendstilstadt Ålesund bietet die Hurtigrute unvergessliche Blicke über den Grytafjord hinweg zu den Gipfeln der Sunnmørsalpen und fährt durch den Midsund an den Felswänden der Otrøy vorbei. Bei der Insel Tautra vereinigen sich Molde-, Romsdals- und Tomrefjord, wenig später öffnet sich vor der Rosenstadt Molde das »Moldepanorama« mit mehr als 200 Gipfeln im weiten Rund über dem Molde- und dem Romsdalsfjord. Wo auf Höhe des Leuchtfeuers Bjørnsund fyr die offene See der gefürchteten Hustadvika erreicht wird, gleitet steuerbord

Links: Das Polarlicht ist eines der beeindruckendsten Naturschauspiele im Norden.
Rechts: Im Fjell zaubern die Pflanzen im Herbst bunte Farbtupfer in die Wiesen.

der Hafen von Bud mit seinen traditionellen Holzhäusern in vielen Farben vorbei. Wie in der Krönungsstadt Trondheim besteht auch in anderen Häfen die Möglichkeit zum Landgang.

In Rørvik an der Namdalsküste begegnen sich allabendlich zwei Hurtigruten-Schiffe. Es besteht die Möglichkeit, das jeweils andere Schiff zu besuchen. Nördlich von Rørvik ist auf der Insel Leka ein Wahrzeichen der Namdalsküste sichtbar, die Felsformation Lekamøya, die durch die Sagas mit der nördlich anschließenden Helgelandküste im Nordland verbunden ist, einer der spektakulärsten Küstenlandschaften der Erde. Das zweite Wahrzeichen dieser Küste ist der durchlöcherte »Hutberg« Torghatten kurz vor Erreichen des Hurtigruten-Hafens von Brønnøysund. Nansen erlebte die Nordlandküste wie folgt: »Darauf ging es nordwärts, an dem herrlichen Nordland entlang. An einigen Plätzen hielten wir an, um gedörrte Fische als Proviant für die Hunde an Bord zu nehmen. Wir fuhren vorüber am Torghatten, den Sieben Schwestern, Hestmona, Lovund und Træna, weit draußen im Meere, an den Lofoten und wie alle diese schönen Punkte heißen. Eine kühne Riesenform wilder und schöner als die andere. Es ist eine Märchenwelt für sich – ein Traumland.«

Zu den Höhepunkten der Fahrt durch die Inselwelt von Lofoten und Vesterålen zählt an Mittsommer der Abstecher in den im Winter meist vereisten Trollfjord, dessen Felswände so eng stehen, dass großen Kreuzfahrtschiffen die Einfahrt in den Fjord unmöglich ist. Da die größeren Hafenstädte auch nachts auf die Ankunft der Hurtigruten-Schiffe eingestellt sind, bietet sich in Tromsø, dem »Paris des Nordens«, die Möglichkeit zu einer mitternächtlichen Seilbahnfahrt auf den Gipfel des Stornstein, von dem sich eine prachtvolle Aussicht auf die Stadt, die Inseln und die See bietet. Bei alledem muss freilich das Wetter mitspielen. Fridtjof Nansen berichtet über seinen Aufenthalt in Tromsø am 12. Juli 1893: »Tromsø bereitete uns einen kalten Empfang: Ein heftiger Sturm

Links: Aus der Luft sind die Inseln der Lofoten noch imposanter. – Rechts: Der Berg Ulriken in der Nähe von Bergen belohnt Wanderer mit fantastischen Panoramablicken.

aus Nordwest mit Regen und Schneetreiben hatte sich eingestellt. Berge, Felder und Dächer waren am nächsten Tag mit Schnee bedeckt. Es waren die ungemütlichsten Julitage, die ich je erlebt habe. Die Bewohner von Tromsø behaupteten, sich eines solchen Julimonats nicht entsinnen zu können. Das geschah aber vielleicht aus Furcht, der Ort möge in schlechten Ruf geraten; denn in einer Stadt, in der man am Johannistag Schneeschuhrennen abhält, kann man auf allerhand gefasst sein.«

Hammerfest in Norwegens nördlichstem Fylke (= Provinz), der Finnmark, ist der nächste größere Hafen, dann geht es längs der Finnmarkküste am Nordkap-Felsen vorbei ostwärts zum Fischereihafen Vardø an der Barentssee. Hier besuchte Nansen die Sauna, ehe er als »Wilder« gen Norden startete: »Der Baderaum selbst ist niedrig und mit Bänken versehen. Während man auf diesen liegt, wird man von heißen Dämpfen gekocht, die fortwährend erneuert werden, indem glühende Steine in einem der Hölle würdigen Badeofen mit Wasser begossen werden. Dabei wird man von jungen Mädchen mit Birkenreisern gepeitscht, dann in anmutiger und zierlicher Weise geknetet, gewaschen und abgetrocknet.«

Während das Hurtigruten-Schiff von Vardø aus südwärts nach Kirkenes gleitet und dort seinen Endhafen erreicht, fuhr Nansen von Vardø aus in Richtung Arktis, doch der Beginn der Fahrt lässt sich auch auf einem Hurtigruten-Schiff ähnlich erleben: »Wir lichteten den Anker und verließen den Hafen von Vardø in der stillen Morgenstunde. Die Stadt lag noch in tiefem Schlummer, alles war so friedlich und schön ringsum. Nur etwas Lärm von erwachender Arbeit auf einem einzelnen Dampfschiff im Hafen. Aus der Luke eines Ruderboots steckte ein schlaftrunkener Fischer den Kopf und sah uns nach, als wir an der Mole vorüberdampften; auf dem Zollkutter draußen stand ein Mann und fischte zu so früher Tageszeit. Es war just die rechte Stimmung, Norwegen zu verlassen! Oh, so wohltuend und still! Welche Erholung für die Gedanken! Frei von dem betäubenden Lärm der Menschen mit ihren Hochrufen und den dröhnenden Kanonenschüssen. Die Masten im Hafen, die Hausdächer und Schornsteine ragten in den frühen Morgenhimmel. Eben brach die Sonne durch den Nebel und beleuchtete den Strand, der hart, kahl und wettergebräunt, aber dennoch schön im

Morgennebel lag; hin und wieder sah man ein paar Häuschen und Fahrzeuge – und dahinter das ganze Norwegen …«

Fjord und Fjell

Die zentrale Gebirgskette Skandinaviens sind die Skanden, die in Norwegen im Galdhø-piggen mit 2469 Metern die höchste Landmarke Nordeuropas bilden. Im Westen stehen die Skanden fast überall in Verbindung mit den Fjorden beziehungsweise mit der offenen See, wo der warme Golfstrom für ein mildes Klima an den Küsten sorgt. Diese Verbindung von klimatisch begünstigter Küstenregion und Gebirge prägt fundamental das Landschaftsbild in Norwegen und ermöglicht ästhetisch einzigartige Erlebnisse vor allem im Bereich der Nordlandküste mit ihren surrealen Berggestalten, die sich fast unvermittelt aus der See erheben, und der von Fjorden geprägten Westküste: Die Felskanzel Prekestolen bricht in Wänden und Überhängen 700 Meter senkrecht zum Lysefjord ab, am Ende des Fjords durchsteigen Kletterer vom Meeresniveau aus die 1000 Meter hohe Felswand des Kjerag. Das Miteinander von Fjord und Fjell findet sich selbst in der höchsten Gebirgsregion: Vom 2403 Meter hohen Hurrungane-Gipfel Storen in Westnorwegen sind es nur 15 Kilometer Luftlinie bis zum Lustrafjord. Fjell ist in Skandinavien das Bergland oberhalb der Nadelwaldgrenze unabhängig von der Höhe über dem Meeresspiegel. Es umfasst in großer Vielfalt alle Geländeformen: Gipfel und Grate aller Schwierigkeitsgrate ebenso wie Gletscher, fruchtbare Almtäler und idyllische Seen, sanfte Kuppen und steile Geröllflanken, Birkenwälder und Moore, Schluchten, Canyons und Wasserfälle. Die landschaftlich schönsten Fjellregionen stehen als Nationalparks unter Schutz. Im 19. Jahrhundert wurde das Fjell von wohlhabenden Touristen für Bergsportaktivitäten und Zivilisationsfluchten entdeckt, heute sind die Fjellgebiete ein Dorado für nahezu alle outdoororientierten Aktivitäten: Wandern, Angeln, Reiten,

Links: Auch die typischen Fischerhütten bei Mo i Rana sind umgeben von saftigen Wiesen. – Rechts: Die Stabkirche von Hopperstad liegt idyllisch im Grünen.

Trekking, Skiwandern usw. Die Höhe der Nadelwaldgrenze variiert erheblich. In Ostnorwegen liegt sie bei 900–1100 Metern und im Fjordland bei nur 400–500 Metern, in Nordnorwegen sinkt sie bis auf Höhe des Meeresspiegels ab.

Das Wort »Fjell« ist verwandt mit dem deutschen »Feld« und bezog sich ursprünglich auf die weiten, von eiszeitlichen Gletschern überformten Gebirgshochflächen. Heute wird unter »Fjell« alles Bergland oberhalb der Nadelwaldgrenze bezeichnet: das eher hügelige Bergland beidseits des Gudbrandsdalen ebenso wie das Plateaufjell mit seinen welligen Hochflächen oder das alpine Fjell mit alpin zugeschärften Gipfeln wie im westlichen Jotunheimen-Gebirge oder in den Hurrungane.

Ein besonderer Fjelltyp ist die Vidda. Die Bezeichnung »Vidda« – verwandt mit dem deutschen »weit« – bezeichnet plateauartig weite, durch Bach- und Flusstäler stark gegliederte Hochflächen. Die bekanntesten Vidder sind die Hardangervidda und die Finnmarksvidda.

Die Berggebiete unterhalb der Nadelwaldgrenze werden als »Marka« bezeichnet. Zu den schönsten dieser Waldgebiete zählen die Oslomarka und Telemark, das Ursprungsland des modernen Skilaufs.

Uralte Magie

Altsteinzeitliche Felszeichnungen sind die ältesten Kulturwerke Norwegens. Diese mit einfachen Steinwerkzeugen in Felsen geritzten Darstellungen von Mythen, Träumen und Ritualen finden sich oft an Orten großer landschaftlicher Schönheit. Aufgrund der raschen Erwärmung nach der Eiszeit waren die norwegischen Gletscher um 6000 v. Chr. abgeschmolzen. Menschen, Tiere und Pflanzen erlebten ein Klimaoptimum mit Durchschnittstemperaturen, die zwei bis drei Grad über den heutigen lagen. Es war für den Norden eine Zeit der Wärme und den archäologischen Funden nach zu schließen auch eine Zeit des Friedens und Wohlstands.

Links: Die prähistorischen Steingravuren in Alta wurden rot eingefärbt.
Rechts: Die Finnmark ist Norwegens bevölkerungsärmster Verwaltungsbezirk.

Die nomadisierenden Träger der altsteinzeitlichen Wildbeuterkultur lebten von der Jagd und vom Fischfang und sammelten Muscheln, Pflanzen und Wurzeln. Dass mit Elch, Bär und Ren häufig Tiere dargestellt sind, deren Erjagung ein hohes Maß an Geschicklichkeit, Kraft und Mut erfordert, hat zur Deutung geführt, die Felszeichnungen hätten als magische Stellvertreterbilder die Jagd positiv beeinflussen sollen. An vielen Felsbildstätten wurden über lange Zeiträume hinweg – manchmal Jahrtausende – immer neue Zeichnungen geschaffen, sodass Felsbild-»Felder« entstanden, die mutmaßlich als rituelle Versammlungsplätze dienten. Auf dem Komsafjell, einem Bergsporn im nordnorwegischen Altafjord, ritzten Fischer und Jäger ab 7000 v. Chr. solche Zeichnungen in den Fels und errichteten die älteste bekannte Siedlung in Norwegen. In unmittelbarer Nähe schufen Wildbeuter ab 3000 v. Chr. bei Hjemmeluft in Alta mehr als 2000 Bilder in 42 steinernen Feldern. Der magische Bezirk mit den bedeutendsten Felszeichnungen nördlich der Alpen steht heute als Kulturerbe der Menschheit unter dem Schutz der UNESCO.

Die sogenannte neolithische Revolution, der Übergang von der Wild-beuterkultur zur produzierenden Kultur der Jungsteinzeit, erfolgte in Norwegen erst nach 3000 v. Chr. Aus nomadisierenden Jägern und Sammlern wurden sesshafte Ackerbauern und Viehzüchter, die das Lan-desinnere erschlossen und für die der Begriff »Fruchtbarkeit« zentrale Bedeutung gewann. Produzierende Tätigkeit und Sesshaftigkeit schufen erstmals die Möglichkeit langfristiger Kapitalbildung; die Fruchtbar-keit der Äcker wurde zyklisch berechenbar auf der Basis eines solaren Ackerbaukalenders; die Fähigkeit der Frau, neues Leben hervorzubrin-gen, wurde in Bezug gesetzt zur Fruchtbarkeit der Erde. Diese neue, am Fruchtbarkeitsaspekt orientierte Lebensform veränderte radikal das Wirtschaftsleben ebenso wie die Sitten und Gebräuche, die religiösen Vorstellungen, das Verhältnis zwischen Frauen und Männern und das soziale Gefüge und schuf wesentliche technische und geistige Grund-lagen für die Jahrtausende bis heute.

Zu den bedeutendsten Felszeichnungen zählen die 85 Bilder in Kalhal-gen im fruchtbaren Tal von Bakke am Südufer des Hardangerfjords. Sie

entstanden während der bronzezeitlichen Acker-
baukultur in den Jahren 1500 bis 500 v. Chr. und
werden als Symbole der Verehrung der Sonne wie
der fruchtbaren Erde gedeutet. Zu den Motiven
zählen Ringe, Schiffe und geometrische Muster
sowie mehr als 20 menschliche Figuren, die
einen feierlichen »Hieros Gamos« (eine heilige
Hochzeit) zelebrieren.

Bei der zeitlichen Abfolge von Altsteinzeit, Neolithikum, Bronze- und
Eisenzeit gab es in Norwegen geografisch große Unterschiede. Die Einführung neuer Technologien und Werkstoffe erfolgte zeitlich uneinheit-
lich. So wurde in der Wohnhöhle Storbåthalleren auf der Lofoten-Insel
Flakstadøya festgestellt, dass Material und Bearbeitung der Werkzeuge
in der Zeit von 3000 v. Chr. bis zum Jahre null nahezu unverändert
blieben. Während in Südnorwegen längst die Eisenzeit begann, hielten
sich in weiten Teilen des Nordens altsteinzeitliche Lebensweisen und
Werkstoffe.

Entstehung der Gletscher

Germanische Mythen und Namen sind auch im öffentlichen Leben des
modernen Norwegen allgegenwärtig. So gehören Freyja-Schokolade
und Freyja-Backpulver zu den Standardprodukten, das Ausflugsschiff
»Skibladner« auf dem größten norwegischen See trägt den Namen des
von Zwergen gebauten Schiffs des Fruchtbarkeitsgottes Freyr.

Die Ankunft der später als germanisch bezeichneten Götter erfolgte
spätestens um das Jahr 500 v. Chr. Damals wurden die in Norwegen
siedelnden wohlhabenden Ackerbauern, Viehzüchter und Fischer mit
den Trägern der eisenzeitlichen Kultur bekannt. Die Eisenkulturvölker
waren kriegerisch orientiert und patriarchalisch strukturiert.

Wahrscheinlich hing diese Völkerwanderung auch mit der drastischen
Klimaverschlechterung zusammen, die um das Jahr 500 v. Chr. begann
und erdgeschichtlich als Subatlantikum bezeichnet wird. Es wurde küh-

*Links: Gletschersee am Sognesfjellsvegen im Nationalpark Jotunheimen. – Rechts: Vom
Nationalparkzentrum »Breheimsenteret« geht's auf den Gletscher Nigardsbreen.*

ler und feuchter, die Wald- und Schneegrenzen sanken ab, der Grundwasserpegel stieg an, flächenhaft einsetzendes Hochmoorwachstum führte zum Wüstfallen von Wirtschaftsräumen, Haustiere konnten nicht mehr im Freien überwintern und mussten aufgestallt werden, die Schneemassen im Gebirge verharschten und verfirnten, in Norwegen, in den Alpen und anderen Gebieten entstanden erstmals seit der Eiszeit wieder Gletscher – jene Gletscher, die heute zu den bedeutendsten Natursehenswürdigkeiten von Norwegen zählen.

Ynglinge und Wikinger

Durch seinen Sieg in der Wikingerschlacht im Hafrsfjord bei Stavanger um das Jahr 872 wurde König Harald Schönhaar aus der Ynglinge-Dynastie der erste »Reichssammler« (Reichsgründer) Norwegens, das bis dahin aus zahlreichen Kleinreichen bestanden hatte. Unter der Herrschaft der Ynglinge-Wikingerkönige erlebte Norwegen seine größte territoriale Machtentfaltung und die Einführung des Christentums. In Norwegen herrschten die Ynglinge mit Unterbrechungen bis zum Jahr 1319. Ihre Grablege in Borre am Oslofjord steht als Nationalpark unter Schutz. Die 27 Grabhügel in einem Hain zwischen Küste und Kirche bilden das größte Königsgräberfeld in Skandinavien. Göttliche Herkunft, Gründung eines expandierenden Staatswesens mit dem dynamischen Namen Nordvegr (Weg nach Norden), ein Großreich vom Oslofjord bis Island, die Einführung des Christentums – die Tradition dieser oftmals glorifizierten Großmachtzeit ist bis heute in Norwegen lebendig, und die Namen der Könige seit 1905 belegen, dass sich auch das heutige Königshaus in der Tradition der wikingischen Ynglinge sieht. Die wikingischen Raub- und Plünderungszüge im christlichen Herrschaftsbereich begannen während der Eroberungs- und Religionskriege, die der Frankenkönig Karl der Große gegen die mit den »Nordmannen«

Links: Keck hält der Troll in der Troll-Erlebnisstätte »Dovregubbens Hall« auf dem Dovrefjell sein Schwert fest. – Rechts: Der vergletscherte Fannaråken mit 2068 Metern.

zusammenwirkenden Sachsen (Sachsenkriege 772–804) führte und die von besonderer Grausamkeit gezeichnet waren. Die bevorzugten Ziele der Wikingerüberfälle waren christliche Macht- und Wirtschaftszentralen; zum Symbolort wurde Kloster Lindisfarne auf der englischen Insel Holy Island, das die Nordmannen im Jahr 793 zerstörten. Die Britischen Inseln wurden von norwegischen ebenso wie von dänischen Wikingern angesteuert, die sich dort auch immer wieder ggenseitig bekriegten. Norwegische Wikinger eroberten um 830 Teile Irlands und gründeten 841 am Südufer des Liffey die befestigte Siedlung Dyflinni (Dublin), die sich zur Hauptstadt eines bis zum Jahr 1014 bestehenden Wikingerreichs entwickelte.

Norweger eroberten in der ersten Hälfte des 9. Jahrhunderts die Färöer, die Shetland- und die Orkney-Inseln, wobei sie die keltische Bevölkerung von den Küsten vertrieben. Der norwegische Wikinger Ingólfur Árnason landete im Jahr 874 auf Island, gründete in der Nähe von heißen Quellen die Siedlung »Rauchbucht« (Reykjavík) und initiierte die dauerhafte (Neu-)Besiedelung der Insel.

Der Wasserfall Låtefossen. – Rechts: Die Samen sind das Urvolk von Lappland.

Der militärische Druck, den König Harald Schönhaar auf diejenigen Wikinger ausübte, die sich der Reichseinigung nicht fügen wollten, führte zu massenhaften Migrationen, was immer neue Entdeckungen zur Folge hatte. Eirik Raude, der als notorischer Totschläger in Norwegen geächtet wurde und

nach Island emigrierte, musste wegen seiner Mordtaten im Jahr 982 auch Island verlassen und entdeckte auf seiner neuerlichen Emigrationsfahrt eine Insel, der er in bewusster Irreführung den attraktiven Namen »Grønland« (grünes Land) gab. Tatsächlich lockte der auf Fruchtbarkeit hinweisende Name »Grönland« wikingische Emigranten an, und im Jahr 986 gründete Eirik Raude in Südgrönland die erste dauerhafte Siedlung. Eirik Raudes Sohn Leif Eiriksson gelangte um das Jahr 1000 bis nach Nordamerika, wo er in Vinland (wahrscheinlich Neufundland) überwinterte.

Die hochstehende technische und künstlerische Kultur wie den Wohlstand der Wikingerzeit belegen Funde aus dem Grabhügel der Königin Åsa im Oseberg am Oslofjord, wo die Königin und eine Begleiterin mit wertvollen Grabbeigaben in einem Wikingerschiff beigesetzt wurden. Das im frühen 9. Jahrhundert gefertigte, reich verzierte »Osebergschiff« ist ein 21,58 Meter langes und 5,10 Meter breites Zeremonial- und Prunkschiff aus Eichenholz für Fahrten in geschützten Gewässern. Hochseetüchtig hingegen war das ebenfalls auf der Osloer Museumshalbinsel Bygdøy ausgestellte »Gokstadschiff«: Dieses Kriegsschiff aus Eichenholz trug einen zwölf Meter hohen Mast und konnte zusätzlich mit 16 Ruderpaaren angetrieben werden. Die größeren Kriegsschiffe der Wikinger hatten 20 bis 32 Riemenpaare. Der schlanke, flachkielige Schiffstyp mit hoch aufragenden Vor- und Achtersteven und einem großen, rechteckigen Rahsegel ermöglichte die Überwindung großer Distanzen mit Durchschnittsgeschwindigkeiten von bis zu 14 Knoten. Erst im 19. Jahrhundert erreichten Segelschiffe wieder vergleichbare Geschwindigkeiten und deutlich übertroffen wurden sie nur von maschinengetriebenen Dampfern. So lief die »Titanic« 22,3 Knoten.

Edda und Heimskringla

Auswanderer aus Norwegen und ihre Nachkommen schufen vor allem auf Island die altnordische Literatur, die an Umfang und Reichtum alle anderen germanischen Literaturen übertrifft. Viele Werke, so die Lieder-Edda, waren über Jahrhunderte hinweg in mündlicher Tradition weitergegeben worden. Niedergeschrieben wurden sie jedoch erst ab dem 13. Jahrhundert, sodass viele von ihnen christliche Einflüsse verraten.

Die Lieder-Edda ist eine Sammlung von Götter- und Heldenliedern und Spruchdichtungen. Um das Jahr 1220 schuf der isländische Gelehrte und Politiker Snorri Sturluson die Prosa-Edda, ein Skaldenlehrbuch mit einem die Lieder-Edda kommentierenden Abriss der germanischen Mythologie. Zehn Jahre später verfasste Snorri dann das aus 16 Sagas bestehende Monumentalwerk »Heimskringla« (Weltkreis), das die Geschichte der norwegischen Könige von den mythischen Anfängen der Ynglinge-Dynastie bis zum Jahr 1177 behandelt und zu den bedeutendsten Werken der europäischen Literatur des Mittelalters zählt. Unter dem älteren Titel »Sagas der Könige Norwegens« ist es bis heute eines der meistgelesenen Volksbücher in Norwegen.

Auf Heldenliedern der Edda basiert die um das Jahr 1260 auf Island entstandene »Völsunga saga«. Sie erzählt die Geschichte des Völsungen-Geschlechts von Odins Sohn Sigi bis zu den Taten des Drachentöters Sigurd, seiner Frau Gudrun und der zauberischen Brynhild und endet mit dem Massaker am Hof des Hunnenkönigs Attila. Sigurd, der Siegfried der deutschen Nibelungensage, war eine der beliebtesten Gestalten der nordischen Heldendichtung. Seine symbolische Drachentötung wird häufig in Schnitzereien an Stabkirchen dargestellt.

Obwohl die norwegischen Ynglinge-Könige der Überlieferung zufolge von den germanischen Göttern abstammten, waren ausgerechnet sie es,

Links: Geschnitzte Ornamente in Holzkirchen geben christliche Glaubensinhalte wider.
Rechts: Monogramm Frederiks IV. über dem Altarbild der Stabkirche zu Ringebu.

die das Land christianisierten. Der erste christliche König war der in England getaufte Håkon der Gute (935–961), Harald Schönhaars Sohn; Träger des Widerstands gegen den neuen Glauben und seine politischen Konsequenzen waren die Bauern und die Trondheim-Jarle (Fürsten). Unter dem ebenfalls in England getauften Olav I. Tryggvason (995–1000) begann die blutige Zwangschristianisierung.

Olav I. gilt als erster »Missionskönig« Norwegens. Im Jahr 997 gründete er als Missionszentrum und königliche Machtzentrale die Stadt Nidaros (Trondheim). Die Christianisierung erstreckte sich bis nach Island, das der norwegische König zu seinem Reich zählte. Die wichtigste Gestalt während der Christianisierung wurde Olav II., der Heilige. Mit einer Wikingerflotte landete der Prinz im Jahr 1015 von England aus in Norwegen und begann mit der Eroberung des inzwischen dänischer und schwedischer Oberhoheit unterstehenden Landes. In den folgenden Jahren führte er das mit blutigen Germanenverfolgungen verbundene Christianisierungswerk Olavs I. fort und errichtete eine zentralistische Autokratie.

Die Unzufriedenheit über sein totalitäres Regime schlug in offenen Aufruhr um, als der dänisch-englische König Knud der Große seine Ansprüche auf Norwegen geltend machte und sich die Unterstützung großer Teile des Adels sicherte. Im Jahr 1028 floh Olav der Heilige nach Russland, Knud der Große wurde König von Norwegen.

Zwei Jahre später marschierte Olav der Heilige erneut in Norwegen ein, um seine Herrschaft wiederherzustellen, fiel jedoch am 29. Juli 1030 in Stiklestad am Trondheimsfjord in einer Schlacht gegen germanische Bauern, die sich im Kampf gegen den König mit den Dänen verbündet hatten. Durch seinen Tod im Kampf gegen die »Heiden« und die dänische Fremdherrschaft avancierte Olav der Heilige innerhalb kürzester Zeit zur Symbolfigur für ein geeintes, von ausländischer Herrschaft freies, christliches Norwegen. Die Leiche des Königs wurde nach Nidaros (Trondheim) übergeführt, der Totenschrein entwickelte sich zum Wallfahrtsziel, Olav wurde und ist bis heute der »Nationalheilige« von Norwegen. Seine Wirkung erstreckte sich bald über ganz Skandinavien: 400 Kirchen sind dem legendären König geweiht.

Die Stabkirchen

Zu den herausragendsten Kulturschöpfungen der Christianisierung zählen die Stabkirchen. Die ersten wurden zur Zeit Olavs des Heiligen erbaut, die um das Jahr 1130 errichtete, älteste erhaltene in Urnes am Lustrafjord mit ihren einzigartigen Schnitzereien steht als Weltkulturerbe der Menschheit unter dem Schutz der UNESCO. Während sich die von Adel und Bürgertum finanzierten Steinkirchen der Städte in Architektur und Ausstattung an den romanischen bzw. gotischen Sakralbauten Englands und Festlandeuropas orientierten (Stavanger ab 1125, Bergen ab ca. 1130, Trondheim ab 1152), waren die Gotteshäuser der bäuerlichen Bevölkerung aus Holz. Stabkirchen sind Ausdruck einer bodenständig-konservativen Kultur, in der sich germanische und christliche Vorstellungen vermischten. Die Stabkirchen wurden meist in abgeschiedenen Tallagen in grandioser Naturszenerie auf germanischen Kultplätzen errichtet, sodass an diesen seit alters als heilig angesehenen Orten die kultische Tradition unter christlichem Vorzeichen fortgeführt wurde. An denselben Stätten, an denen germanische Gottheiten verehrt worden waren, wurde das Christentum gepflegt. Für das Jahr 1021, als Olav der Heilige einen Christianisierungsfeldzug im Otta- und im Gudbrandsdalen unternahm, ist dieses Prinzip für die Stabkirche von Garmo belegt. Der Bauer Torgeir der Alte errichtete an der Stelle eines germanischen »hof«-Tempels eine Kirche. Während das altnordische Wort »gard« einen Bauern- oder Königshof bezeichnet, war der »hof« bzw. »hov« der Platz für kultische Feiern.

Die Beibehaltung alter Kultstätten trug wesentlich zur Akzeptanz des neuen Glaubens bei der bäuerlichen Bevölkerung bei. Auch in Architektur, Symbolik und Schmuck der Stabkirchen sowie in viele Rituale und Kulte wurden Elemente des germanischen Glaubens integriert. In »Unserer lieben Frau« war unschwer die christianisierte Liebes- und Fruchtbarkeitsgöttin Freyja zu erkennen, so in der hölzernen Madon-

Links: Gemütlich dümpeln die Fischerboote in einem Bootshafen an der Sørlandküste.
Rechts: Auch die Stabkirche zu Ringebu wurde nach der Reformation stark verändert.

nenfigur von Urnes mit ihren hüftlangen Zöpfen und dem am Hals durch eine Spange zusammengehaltenen Umhang (heute im Historischen Museum in Bergen). Wie bei den Steinkirchen wurde auch bei den Stabkirchen das uralte Symbol des Sakralschiffs aufgegriffen. Letztere standen jedoch architektonisch weitaus deutlicher in der Tradition nordischer Sakralschiffe, wie sie sich bereits auf Felszeichnungen finden und in Schiffssteinsetzungen sowie in Schiffsbestattungen beibehalten wurden. Während bei hölzernen Profanbauten der Blockbau Standard war, bei dem die Stämme waagrecht übereinandergeschichtet werden, wurden die Stämme bei den Stabkirchen senkrecht aufgerichtet. Diese Vertikalstellung führte die »Naturarchitektur« der germanischen heiligen Haine fort. In der Mitte des von den Stämmen umgebenen Sakralraums ragte wie der Weltenbaum ein Einzelstamm (»Mast«) auf, an dem die Dachkonstruktion hing: Diese »Einmastkirchen« waren die ältesten Stabkirchen und wurden in ihrer Bauweise vermutlich direkt von der Opferplatzarchitektur germanischer »hof«-Tempel übernommen. Bau und Anlage der Stabkirchen wiesen bereits um das Jahr 1130 eine Perfektion auf, die nur durch eine lange einheimische Tradition erklärt werden kann, da ausländische Vorbilder fehlen. Bei entsprechendem Platzbedarf wurden Stabkirchen mit vier oder mehr Masten errichtet. Dass sich nichtchristliche Zauberwesen weiterhin bei den Stabkirchen aufhielten, belegt eine Runeninschrift aus dem 12. Jahrhundert an der Stabkirche von Borgund: »Ich ritt hier vorbei am Sankt-Olavs-Tag, die Nornen taten mir viel Böses, als ich vorbeiritt.« Wegen dieser schlimmen Wesen zählen Abwehrzaubersymbole zu den markantesten Architektur- und Schmuckelementen der Stabkirchen. Das häufigste Symbol ist die Schlange, die vor allem in den Schnitzereien der Nordpforten sowie in Drachenkopfform auf den Giebeln erscheint (Drache = Schlange = orm).

Links: Die ochsenblutrot gestrichene Front des Vorratshauses kontrastiert mit weißen Türen. – Rechts: Die Holzhäuser in Lærdal stammen aus dem 18. und 19. Jahrhundert.

Rätselhafte Prozessionen

Nach der Reformation wurden die meisten Stabkirchen wegen ihres »Aberglaubens« und »Götzenkults« verändert oder zerstört. Gelegentlich hielten sich jedoch auch nach der Reformation jahreszeitliche Rituale aus der Zeit der Vermischung von Heiden- und Christentum, so an der Stabkirche von Røldal. Røldal ist ein nahezu allseits von mehr als 1000 Meter hohen Bergen umgebener Talkessel, in dessen Mitte auf einer Höhe von knapp 400 Metern die Stabkirche neben einem eisenzeitlichen Gräberfeld steht. Einen Ausblick aus diesem Tal gibt es nicht. An der Stabkirche stehend, blickt man die über 600 Meter hohen, schroffen Felswände hinauf, in deren Flanken sich bis in den Hochsommer Schneefelder halten und über deren Felsen Wasserfälle tosen. In dieser gigantischen Naturszenerie erscheinen Stabkirche und Mensch winzig wie ein Punkt.

Errichtet wurde diese Stabkirche um das Jahr 1300. Auch nach der Reformation und den Umbauten des 18./19. Jahrhunderts blieb sie Ziel einer Mittsommerwallfahrt. In der Nacht der Sonnenwende versammel-

ten sich die Gläubigen bei dem als wundertätig geltenden Triumphkreuz (um 1200) und wischten der Christusfigur mit einem ebenfalls als wundertätig geltenden Leintuch den »Schweiß« ab.

Damals gab es noch nicht die Serpentinenstraßen und Tunnelbauten, die heute das Tal leicht zugänglich machen: Durch Schnee und Firn, über Fels und durch Flüsse wallfahrteten die Menschen dem seit Jahrtausenden als heilig angesehenen Ort in der Tiefe des Tals zu. Welch erhabenen Blick sie genossen, wenn sie während ihrer Wallfahrt auf die Berge hoch über dem Tal gelangten und tief unten die Stabkirche erblickten, lässt sich von den Passstraßen Richtung Sauda und Odda aus auch heute noch erahnen: Mehr als 500 Höhenmeter über dem Tal »schwebend« ist eine Aussicht zu erleben, die fraglos zu den eindrucksvollsten Norwegens zählt.

Union und Zweisprachigkeit

Mit dem Aussterben der Ynglinge im Jahr 1319 begann eine Epoche des Niedergangs für Norwegen, das zur dänischen Provinz herabsank. Der fürchterlichen Pestepidemie von 1349/50 fiel mehr als die Hälfte der damals circa 400 000 Norweger zum Opfer. Der Schwarze Tod ließ Wirtschaft und Kultur des dünnstbesiedelten nordischen Reiches weitgehend zusammenbrechen. 1397 bestätigte eine Ständeversammlung im schwedischen Kalmar die Union von Dänemark, Schweden und Norwegen. Mit dieser »Kalmarer Union« erreichte Königin Margrethe I. von Dänemark das ehrgeizige Ziel, ein nordisches Großreich unter dänischer Vorherrschaft zu schaffen. Der norwegische Reichsrat musste in Bergen im Jahr 1450 den dänischen König Christian I. zum König von Norwegen wählen und einem Unionsvertrag zustimmen, der eine »ewige« Union Norwegens mit Dänemark vorsah. Der Unionsvertrag bestimmte die Gleichstellung der beiden Staaten, aber faktisch wurde Norwegen zu einem dänischen Vasallenstaat ohne politische Befugnisse degradiert.

Links: Traditionell wird bei den Samen auf offenem Feuer gekocht. –
Rechts: Seedorsch hängt auf den Lofoten zum Trocknen auf typischen Holzgestellen.

Mit der Einführung der Reformation unter König Christian III. verlor Norwegen endgültig seine Selbstständigkeit. Im Jahr 1536 verfügte Christian die Enteignung aller Kirchengüter und errichtete eine der Herrschaft des Königs unterstellte lutherische »Staatskirche«.

Norwegen, das während der dänischen Thronkämpfe auf der Seite der bäuerlich-katholischen Partei gestanden hatte, verlor seinen Status als Königreich und wurde »unter Dänemarks Krone ebenso wie die anderen Länder Jütland, Fünen oder Seeland« gestellt. Dies war das Ende der Doppelmonarchie Dänemark-Norwegen, Norwegen wurde eine dänische Provinz. Mit der Auflösung des norwegischen Reichsrats im Jahr 1537 endete schließliche auch die norwegische Selbstverwaltung. Die Administration ging in dänische Hände über.

Die Dänisierung Norwegens betraf auch die Sprache, da das Land von Dänemark aus verwaltet und reformiert wurde. Mit der dänischen Bibelübersetzung im Jahr 1550 begann die Verdrängung der norwegischen Sprache als Kirchensprache, 1604 wurden auch die norwegischen Gesetze ins Dänische übertragen. Die norwegische Hauptstadt

erhielt im Jahr 1624 den dänischen Namen Christiania, 1739 wurde das Dänische in den Schulen als »Muttersprache« eingeführt. So gab es faktisch zwei Sprachen: die Volksdialekte und die offizielle »Reichssprache« (Riksmål). Letztere war die Sprache des Establishments und der Gebildeten.

Im 17. Jahrhundert setzte in Norwegen ein Aufschwung ein, der getragen wurde vom Fischexport, der Holzwirtschaft und vom Bergbau sowie von den Aktivitäten der sich kontinuierlich vergrößernden Handelsflotte. Parallel zum wirtschaftlichen erfolgte der kulturelle Aufbruch. Er wurde allerdings getragen von Norwegern, die in der dänischen »Reichssprache« schrieben, meist in Kopenhagen lebten und als »dänische« Dichter bezeichnet werden. Am berühmtesten war der in Bergen geborene Ludvig Holberg, der die Ideen der Aufklärung propagierte und als erster »dänischer« Dichter Weltruhm errang. Wesentliche Impulse für die kulturelle Selbstbesinnung Norwegens gingen von der Norwegischen Gesellschaft der Wissenschaften aus, die der Historiker Gerhard Schoning im Jahr 1760 in Trondheim gründete. Mit dem Geschichtswerk »Norges riges historie« (1771–81, zu Deutsch: Geschichte des norwegischen Reiches) lieferte Schoning einen entscheidenden Beitrag zur Förderung des norwegischen Nationalgefühls. Der spätere Bergenser Bischof Johan Nordahl Brun, damals Sekretär der Norwegischen Gesellschaft der Wissenschaften, forderte im Jahr 1771 in Kopenhagen vergeblich von der dänischen Obrigkeit die Errichtung einer norwegischen Universität und verfasste das Gedicht »For Norge«, das zu einer Art Nationalgedicht avancierte. Im Jahr 1772 gründete Johan Herman Wessel in Kopenhagen die Norske Selskab (Norwegische Gesellschaft) als Vereinigung national gesinnter norwegischer Schriftsteller. Im selben Jahr verfasste Brun mit dem Drama »Einer Tambelskiever« das erste Theaterstück, das seinen Stoff einer Saga entlehnt. Durch Reskript des dänischen Königs Frederik VI. wurde schließlich im Jahr 1811 in Christiania die Universität Oslo gegründet.

Links: Das schöne Schild schmückt den Eingang des Seemannsvereins in Skudeneshavn.
Rechts: Die Küstenstraße Atlantikveien verbindet malerische Fischereihäfen.

Die Unabhängigkeit Norwegens von Dänemark führte im Jahr 1814 zur Ausbildung zweier Sprachen, die 1885 offiziell gleichgestellt wurden, sodass Norwegen zweisprachig wurde und bis heute ist: Bokmål (Buchsprache) und Nynorsk (Neunorwegisch). In Reaktion auf die dänische »Reichssprache« wurde das Landsmål (Landessprache, ab 1929 Nynorsk) als sogenannte Volkssprache aus norwegischen und altnordischen Dialekten rekonstruiert. Beide Sprachen wurden nach der gesetzlichen Gleichstellung durch mehrere Rechtschreibreformen noch weiter »norwegisiert« beziehungsweise »renorwegisiert«. Am augenfälligsten zeigt sich dies anhand der Namenswechsel der Hauptstadt: Im Jahr 1877 wurde der dänische Städtenamen Christiania durch die norwegische Schreibweise Kristiania ersetzt, und seit dem 1. Januar 1925 führt die Hauptstadt wieder den norwegisch-altnordischen Namen Oslo (Asen-Hain).

Die Verwendung der einen oder anderen Sprache wurde eines der brisantesten innenpolitischen Themen nach der Auflösung der Union mit Schweden (1905). Sie führte zum Sturz von Regierungen und wird bis heute kontrovers diskutiert, in Kommissionen beraten und auch

politisch instrumentalisiert. Die Entwicklung einer gesamtnorwegischen Einheitssprache (Samnorsk) ist bis heute nicht realisiert worden.

Liberal verfasst

Eidsvoll – der Name dieser Stadt zwischen Oslo und dem See Mjøsa symbolisiert die Unabhängigkeit Norwegens als republikanisch strukturierte Demokratie mit monarchischem Staatsoberhaupt. Am 16. Februar 1814 wurde hier die Unabhängigkeit von Dänemark proklamiert, am 17. Mai beschwor eine gewählte Reichsversammlung eine Verfassung auf der Grundlage der Gewaltenteilung.

Das Museum im Eidsvollsbygningen dokumentiert die sich überstürzenden Ereignisse, die Norwegen nach mehr als 400 Jahren die Unabhängigkeit von Dänemark brachten.

Eine zentrale Rolle spielte dabei der schwedische Kronprinz und nachmalige schwedisch-norwegische Unionskönig Carl Johan XIV., nach dem die Prunk- und Paradestraße von Oslo benannt ist. Es war die Zeit der Befreiungskriege gegen die europäische Supermacht Frankreich.

Dänemark und seine Provinz Norwegen standen auf der Seite Napoleons und mussten sich wie die anderen Staaten an der Kontinentalsperre beteiligen. Diese Zwangsbeteiligung an der von Napoleon verhängten Wirtschaftsblockade Großbritanniens war für Norwegens Wirtschaft mit deutlichen

Einbußen verbunden. Zu den Architekten der antinapoleonischen Koalition zählte der mit dem französischen Kaiser verschwägerte schwedische Kronprinz Carl Johan, der als Jean-Baptiste Bernadotte einer der erfolgreichsten Heerführer Napoleons gewesen war und in Schweden die Dynastie Bernadotte begründete. Carl Johan leitete einen radikalen Wechsel der schwedischen Außenpolitik ein. Im Jahr 1812 schloss er mit Russland den Sankt Petersburger Vertrag, in dem Schweden und das Zarenreich die Entsendung von Truppen nach Deutschland zum Kampf gegen Napoleon vereinbarten und einander ihren Besitzstand garantierten. Carl Johan verzichtete auf Finnland (1809 hatte der Zar Schwedisch-Finnland erobert) und ließ sich freie Hand in Norwegen zusichern. Ziel Carl Johans war die Schaffung des neuen Reichs Schweden-Norwegen als skandinavische Vormacht, deren Ostgrenze durch den Verzicht auf das schwer zu verteidigende Finnland gesichert sein würde. Carl Johans nächster Schritt war die Verständigung mit Großbritannien: Der schwedisch-britische Friedensvertrag von Örebro am 12. Juli 1812 und der am 18. Juli ebenfalls in Örebro unterzeichnete russisch-britische Friedensschluss beendeten die napoleonische Kontinentalsperre, Schweden und Russland nahmen ihre Wirtschaftsbeziehungen zu Großbritannien wieder auf und öffneten ihre Häfen den Handelsschiffen aller Nationen.

Während sich die politische Situation immer mehr zuspitzte, landete Carl Johan im Sommer des Jahres 1813 in Deutschland. Auf der Gipfelkonferenz der Alliierten im schlesischen Trachenberg entwarf er am 12. Juli mit dem russischen Zaren Alexander I. und dem preußischen

Links: Der Kjenndalsbreen ist ein Arm des Jostedalsbreen bei Stryn. – Rechts: Am Jostedalsbreen, dem größten Gletscher Festlandeuropas, herrscht gespenstische Stimmung.

König Friedrich Wilhelm III. den Operationsplan gegen Frankreich. Carl Johan übernahm das Kommando der Nordarmee, der preußische Feldmarschall Blücher führte die Schlesische Armee, der österreichische Feldmarschall Karl Fürst von Schwarzenberg kommandierte die Böhmische Armee. In dieser Konstellation besiegten die Alliierten am 13. Oktober Frankreich in der »Völkerschlacht« bei Leipzig, der bis dahin größten Schlacht der Geschichte. Die napoleonische Herrschaft in Deutschland brach weitgehend zusammen. Danach marschierte Carl Johan zur Ostsee, befreite das von Frankreich besetzte Lübeck und rückte in das zu Dänemark gehörende Holstein ein.

Am 6. Januar 1814 kapitulierte Dänemark, am 14. Januar wurden in Kiel der schwedisch-dänische und der britisch-dänische Friedensvertrag unterzeichnet. Dänemark musste der antinapoleonischen Koalition beitreten und Norwegen ging an Schweden über; die Insel Helgoland musste Dänemark an Großbritannien abtreten, behielt jedoch die ehemaligen norwegischen Nebenländer Island und Grönland sowie die Färöer Inseln.

Der Frieden von Kiel beendete die 434 Jahre lang währende dänisch-norwegische Union und ließ Norwegen, das seit den Jahren 1536/37 nicht mehr als Königreich, sondern als dänische Provinz behandelt worden war, als unabhängiges Königreich neu erstehen: Am 8. Februar 1814 proklamierte der schwedische König Carl XIII. – der Adoptivvater von Carl Johan – die Union der beiden Königreiche und versicherte den Norwegern, dass sie in der Union ein selbstständiges Königreich mit eigener Volksvertretung, eigener Gesetzgebung und eigenem Steuerwesen sein würden. Nun schlug die Stunde der Norweger. Sie bestritten das Recht Dänemarks, Norwegen ohne Einwilligung seiner Bewohner an Schweden abtreten zu können. Durch den Verzicht des dänischen Königs auf Norwegen sei die Souveränität auf das norwegische Volk übergegangen. Aus taktischen Gründen wurden die norwegischen Unabhängigkeits-

Links: Mitglieder eines Jugendorchesters sind bester Laune. –
Rechts: Im Städtchen Eidsvoll wurde 1814 die erste norwegische Verfassung angenommen.

pläne vom noch in Norwegen weilenden früheren dänischen Statthalter, dem Prinzen Christian Frederik, unterstützt. Christian Frederik startete eine landesweite Kampagne für die norwegische Unabhängigkeit und organisierte innerhalb kürzester Zeit den Widerstand gegen die Union mit Schweden. Militärisch kam der Unabhängigkeitsbewegung zugute, dass sich der Großteil der schwedischen Armee in Kontinentaleuropa befand und unter der Führung Carl Johans gegen Napoleon kämpfte. Am 16. Februar bat Prinz Christian Frederik norwegische Notabeln zum Ting nach Eidsvoll. Die versammelten Bürger proklamierten die Unabhängigkeit Norwegens, lehnten jedoch den Vorschlag des Prinzen ab, ihn aufgrund seiner königlichen Abstammung zum König zu wählen. Stattdessen vereinbarten sie mit dem Prinzen, der am 25. Februar zum Regenten von Norwegen proklamiert wurde, die Durchführung von Wahlen zu einer verfassunggebenden Reichsversammlung. Diese durch Wahlen als Volksvertretung legitimierte Constituante trat am 10. April in Eidsvoll zusammen: Die 112 gewählten Männer nahmen die Beratungen über die Verfassung des unabhängigen Norwegen auf.

Am 17. Mai 1814 beschwor die Reichsversammlung in Eidsvoll eine Verfassung auf der Grundlage der Gewaltenteilung und wählte Christian Frederik zum Erbkönig von Norwegen – nicht auf Grundlage seiner königlichen Abstammung, sondern auf der Grundlage des in der Eidsvoll-Versammlung repräsentierten Willens des Volkes. So erhielt Norwegen eine der liberalsten Verfassungen Europas. Die demokratische Eidsvoll-Verfassung ist bis heute mit Änderungen in Kraft, der 17. Mai – søttende mai – ist bis heute der norwegische Nationalfeiertag.

Unterdessen änderte sich die Lage in Kontinentaleuropa. Die Alliierten eroberten Paris, Napoleon wurde auf die Insel Elba verbannt, die antinapoleonischen Befreiungskriege waren vorerst beendet, Carl Johan konnte sich um das rebellierende Norwegen kümmern. Als diplomatischer Druck nichts half, rückte die vom Kronprinzen geführte schwedische Streitmacht am 26. Juli 1814 in Norwegen ein, ohne auf nennenswerten Widerstand zu treffen. Aufgrund seiner militärischen Überlegenheit hätte Carl Johan Norwegen erobern und die Unabhängigkeit des Landes beenden können, doch als weitsichtiger Stratege zog er die Ver-

ständigung mit dem norwegischen Volk vor.
Die Friedensinitiative ging nicht vom unterlegenen König Christian Frederik, sondern vom siegreichen Carl Johan aus. Anfang August begannen die Friedensverhandlungen, in der Konvention von Moss verpflichtete sich Carl Johan am 14. August 1814, unter der Bedingung einer schwedisch-norwegischen Union die Eidsvoll-Verfassung des unabhängigen Königreichs Norwegen zu respektieren; König Christian Frederik musste sich verpflichten, das in der Eidsvoll-Verfassung verankerte norwegische Parlament (Storting) einzuberufen und vor dem Storting als der gewählten Volksversammlung Norwegens die Krone niederzulegen. Am 10. Oktober 1814 legte Christian Frederik die norwegische Krone nieder und kehrte nach Dänemark zurück. Nach einer Revision der Eidsvoll-Verfassung – sie wurde in dem Punkt eines gemeinsamen schwedisch-norwegischen Außenministeriums geändert – wählte das Storting dann am 4. November 1814 einstimmig König Carl XIII. von Schweden zum König von Norwegen.

Damit war die schwedisch-norwegische Union perfekt, und diese Union unterschied sich grundlegend von der mit Dänemark. Während Norwegen in dänischer Zeit eine dänisch verwaltete Provinz ohne politische Rechte gewesen war, war es nun ein selbstständiger Staat. Bis zum Jahr 1905 dauerte es, dann löste sich Norwegen auch aus der Union mit Schweden.

Königswahl durch das Volk

Als das die Ostflanke von Schweden-Norwegen bedrohende Zarenreich im Jahr 1905 von revolutionären Unruhen erschüttert wurde und im Krieg gegen Japan eine Niederlage nach der anderen hinnehmen musste, nutzten die Norweger die Gunst der Stunde und trieben die seit Jahrzenten andauernden Spannungen in der Union mit Schweden auf die Spitze: Am 7. Juni 1905 erklärte das Storting die Union mit Schweden

Links: Hammerfest gilt als die nördlichste Stadt Europas. – Rechts: In einem futuristisch anmutenden Gebäude wird an das Lebenswerk von Peter Dass erinnert.

für aufgelöst und den Unionskönig Oscar II. als König von Norwegen für abgesetzt. Begründet wurde der Schritt damit, dass Oscar II. unfähig sei, eine Regierung für Norwegen zu bilden. Der König protestierte gegen den »ungesetzlichen« Parlamentsbeschluss und der schwedische Reichstag bestritt dem Storting das Recht, durch »revolutionäres« Handeln den König stürzen zu können. Teile der schwedischen Öffentlichkeit forderten sogar den Einsatz der Armee. Tatsächlich hatte Norwegen kaum Chancen, von den überwiegend monarchisch-obrigkeitsstaatlich regierten Staaten Europas als selbstständig anerkannt zu werden, solange das norwegische Verhalten als »ungesetzlich« und »revolutionär« eingestuft wurde.

Die persönliche Betroffenheit des international hoch geachteten Königs Oscar II. sowie der strategische Aspekt der Schwächung des Zarenreichs waren die Hauptgründe, dass Schweden bald Verhandlungen über die Unionsauflösung zustimmte. Am 27. Juli 1905 billigte der schwedische Reichstag eine Gesetzesvorlage, wonach Verhandlungen über das Ende der Union aufgenommen werden sollten unter der Voraussetzung, dass ein neu gewähltes – nicht das »revolutionäre« – Storting einen entsprechenden Antrag stellen oder sich die Norweger in einer Volksabstimmung für die Auflösung der Union entscheiden würden. In Volksfeststimmung fand am Wochenende des 12./13. August die Abstimmung statt: 368 208 Norweger, das waren 99,9 Prozent der Stimmberechtigten, votierten für und nur 184 gegen die Unabhängigkeit von Schweden.

Das Storting lud nun den schwedischen König Oscar II. dazu ein, einen König für das unabhängige Norwegen aus der Dynastie Bernadotte zu benennen. Als Oscar beleidigt ablehnte, bot das norwegische Parlament dem populären dänischen Prinzen Carl, einem Sohn des Kronprinzen Frederik (VIII.) aus der Dynastie Glücksburg, die Krone an. Carl machte für die Annahme eine erneute Volksabstimmung zur Voraussetzung: Er

Links: Vorsichtig steuert der Kapitän seine Fähre über den Lysefjord. – Rechts: Fast wie künstlich angelegt wirkt die kleine Insel am Binnensee Aurdalsfjord bei Leira in Valdres.

wollte sicher sein, dass ihn nicht Parteien, sondern das Volk zum König haben wolle. In der Debatte über die Volksabstimmung blieben die Befürworter der Republik in der Minderheit: Die Eidsvoll-Verfassung aus dem Jahr 1814, so das Hauptargument, sei eine republikanische, vom Volk verabschiedete; aus historischen Gründen müsse jedoch das Königtum bewahrt bleiben.

Am 12./13. November sprachen sich die Norweger mit der überwältigenden Mehrheit von 259 563 zu 62 264 Stimmen für die Wahl des Prinzen Carl von Dänemark zum König des unabhängigen Norwegen aus. Nur 62 264 Männer stimmten gegen den Dänenprinzen und gaben damit ihrer Meinung Ausdruck, dass sich als oberster Repräsentant des unabhängigen Norwegen ein gewählter Mann aus dem Volk besser eigne. Am 18. November wählte das Storting Prinz Carl einstimmig zum König von Norwegen und legte fest, dass er den Namen Haakon VII. zu führen habe. Damit erhielt das Land zum ersten Mal seit mehr als 500 Jahren wieder einen eigenen König. Der letzte norwegische König, der Yngling Haakon VI. Magnusson, war im Jahr 1380 gestorben.

Am 27. November legte Haakon vor dem Storting den Eid als König von Norwegen ab, im Nidarosdom zu Trondheim fand dann am 22. Juni 1906 die Krönung statt. Die staatliche Unabhängigkeit erfolgte in einer wirtschaftlichen und sozialen Umbruchphase und wirkte sich insgesamt äußerst positiv aus. Anders als etwa das neoabsolutistisch regierte Schweden war Norwegen ein liberaler Reformstaat. Gerade die Frage demokratischer Reformen hatte seit den 1880er-Jahren den Hauptkonfliktstoff mit dem konservativen Schweden geliefert.

Zum politisch selbstbewussten Auftreten Norwegens trugen die kulturellen und wissenschaftlichen Erfolge bei, die den Namen Norwegen um das Jahr 1900 weltweit bekannt werden ließen: im Theater Henrik Ibsen, in der Musik Edvard Grieg, in der Malerei Edvard Munch, in der Literatur Knut Hamsun sowie der erste skandinavische Literaturnobelpreisträger (1903) Bjørnstjerne Bjørnson, in der Forschung Fridtjof Nansen und Roald Amundsen. Norwegen besaß nach Großbritannien und den USA die drittgrößte Handelsflotte der Erde und war einer der bedeutendsten Standorte der Fisch- und Papierindustrie. 1903 begannen

die Erzverschiffungen in Narvik. Auch der Tourismus entwickelte sich zunehmend zum Wirtschaftsfaktor. Zugleich führten Bevölkerungszunahme und Mangel an Ackerland sowie die geringe Industrialisierung zu einer Auswanderungswelle, die 1903 mit 26 784 Migranten ihren Höchststand erreichte. Nach der Unabhängigkeit ging sie kontinuierlich zurück.

Unmittelbar nach der Unabhängigkeit begann der Aufbau einer modernen Industrie. Grundlagen waren hohe Kapitalzuflüsse vor allem schwedischer und britischer Investoren sowie das reiche hydroenergetische Potenzial (Wasserfälle, Gletscher) zur Energiegewinnung und der Holzreichtum als natürliche Ressourcen. 1905 gründete Sam Eyde in Notodden die Norsk Hydro AS, den heute größten norwegischen Konzern. Im Jahr 1906 wurde auch die A/S Sydvaranger zum Abbau der Eisenerzvorkommen bei Kirkenes gegründet, und Kirkenes wurde neben Narvik der zweite norwegische Erzverschiffungshafen. Die Industrialisierung wurde begleitet vom zügigen Ausbau der Verkehrswege, der nationalen und transatlantischen Telekommunikationsnetze und des Bildungswesens; im Jahr 1910 wurde die TH Trondheim eröffnet.

Walfang: Pro und Kontra

Zu den Brennpunkten der Artenschutzkonferenz von Nairobi im April des Jahres 2000 zählte der letztendlich abgelehnte Antrag Norwegens und Japans, Zwerg- und Grauwale zum Abschuss freizugeben und den Handel mit Walprodukten zuzulassen. Neben Japan war Norwegen zu Beginn des dritten Jahrtausends der einzige Staat, der noch Jagd auf diese Meeressäuger machte. Die Hauptmotivation für den norwegischen Walfang ist der Export des als Delikatesse geltenden Fleisches nach Japan. Auf vielen Gebieten wurde Norwegen im 20. Jahrhundert ein Vorreiter bei der Umsetzung globaler Umweltschutzbestimmungen, die norwegische Walfangindustrie hingegen brach mit Unterstützung der

Links: Die Holzhäuschen in Flekkefjord wirken auch an einem regnerischen Tag einladend. – Rechts: Die achtkantige Kirche in Flekkefjord wurde 1833 eingeweiht.

Regierung internationale Vereinbarungen. Seit dem Inkrafttreten des Walfangmoratoriums der Internationalen Walfang-Kommission (IWC) im Jahr 1986 schossen norwegische Walfänger rund 4000 dieser geschützten Meeressäuger ab. Im Jahr 1999 waren es während der jeweils bis Ende Juli dauernden Walfangsaison »nur« 589 Minkwale, obwohl die Regierung die Fangquote für diese kleinsten Meeresgroßsäuger von 671 auf 753 erhöht hatte. Am 2. Mai 2000 wurde erneut die Jagdsaison eröffnet – wiederum begleitet von internationalen Protesten.

Die etwa 50 norwegischen Walfänger – mehr sind es nicht unter den laut Statistik 18 000 Berufsfischern – verweisen darauf, dass der Abschuss der von der Regierung vorgegebenen Stückzahl den Bestand der Minkwale nicht gefährde, sondern die »natürlich nachwachsende Fleischressource« sichere und als artgerechtes Jagdmanagement anzusehen sei. Tatsächlich gefährdet die lizenzierte Stückzahljagd den Bestand nicht. Befürchtet wird jedoch bei einer Freigabe des Abschusses und des Handels mit Walprodukten, dass neben Norwegen und Japan auch Island und Russland sowie mehr als zwei Dutzend weitere Länder Jagd auf Wale machen und diese Meeressäuger am Ende ausrotten würden.

Was den Vorwurf der Tierquälerei betrifft, verweisen Walfänger auf verbesserte Tötungmethoden und eine verkürzte Leidenszeit; Walfanggegner wiederum können dokumentieren, dass mehr als die Hälfte aller harpunierten Tiere – ebenfalls mehr als die Hälfte davon sind trächtige Weibchen, da diese das Fangergebnis verbessern – eines langsamen, qualvollen Todes sterben. Den Vorwurf der Tierquälerei geben die Walfänger zurück: Die Walfanggegner selbst seien Tierquäler, da sie sich von Hühnern und Schweinen aus Massentierhaltung ernähren würden oder Schweinshaxen sowie Kutteln, Gänsestopfleber verzehrten. Jeder Zuchtbulle, meinen sie, würde einen Wal um dessen Leben in Freiheit beneiden, auch wenn beide zuletzt in Steakform auf gedeckten Tischen landen.

Was die rechtliche Situation anbelangt, verweist Norwegen darauf, dass das Internationale Walfangabkommen jedem Mitgliedsstaat er-

Links: Figuren im Gletschermuseum. – Rechts: Harpunen aus der Walfängerzeit.

laubt, gegen einen unliebsamen Beschluss innerhalb angemessener Frist Widerspruch einzulegen. Damit sei der angefochtene Beschluss für das widersprechende Land unwirksam.

Verglichen mit dem Beitrag zum Bruttosozialprodukt handelt es sich beim Walfang um eine winzige Industrie, die mit dem Abschlachten geschützter Tiere und dem Walfleischschmuggel das internationale Ansehen Norwegens beschädigt. Das einzige nachvollziehbare Argument für den kommerziellen Walfang ist neben dem Erhalt relativ weniger Arbeitsplätze die »Tradition«. Die Hochkonjunktur des arktischen Walfangs begann Ende des 17. Jahrhunderts mit den Grönlandfahrten. Walfänger aus Norwegen, Deutschland, England, Holland, dem Baskenland und aus anderen Ländern jagten in den Gewässern rund um Spitzbergen. Der Fang wurde an Land verarbeitet, jede Walfanggruppe besaß eine eigene Verarbeitungsstation. Dadurch erklären sich Namen wie »Hamburger Bucht« auf den Karten Spitzbergens. Der aus dem Speck geschmolzene Tran diente als Brennstoff für Öllampen, fand aber auch als Schmierstoff und später bei der Fabrikation von Seife und Farben Verwendung. Tran

und die »Fischbein« genannten Walbarten wurden in Fässern in die Heimatländer transportiert.

Die Nachfrage war derart groß, dass es um das Jahr 1820 bei Spitzbergen keine Wale mehr gab. Also verlegten die Walfänger ihre Aktivitäten an die Eiskante im Osten Grönlands sowie in die Baffin Bay und die Davis-Straße. Zur gleichen Zeit begannen Siedler an der Ostküste Nordamerikas mit dem Walfang entlang ihrer Küsten. Der amerikanische Walfang von Neuengland aus erreichte seinen Höhepunkt im Jahr 1846, dann waren auch diese Gewässer überfischt. Die radikale Dezimierung der Walbestände führte ab dem Jahr 1850 zu einer Krise. Immer mehr Schiffe kamen in den 1850er- bis 1870er-Jahren ohne Fang nach Hause, da es keine Wale mehr gab. Erst als die industrielle Revolution auch die Fischerei erfasste, erschloss die Kriegswaffen- und Schifffahrtstechnik dem Walfang neue Bereiche und legte die Basis für ein scheinbar ungebremstes Wachstum. Ungefähr ab dem Jahr 1870 lösten Walfangdampfer die Segelschiffe ab. Die größere Geschwindigkeit der dampfgetriebenen Trawler erlaubte den Fang bis dahin unerreichbarer Walarten, so der riesigen, schnell schwimmenden Furchenwale. Erlegt wurden sie mit von Kanonen abgefeuerten Harpunengranaten auf große Entfernung.

Die enorme Produktionssteigerung führte zu Beginn des 20. Jahrhunderts zu einer neuen Krise. Im Jahr 1903 kam es zu einem weltweiten Verfall der Tranpreise, und im Juni desselben Jahres wurde die Finnmark von gewaltsamen Protestaktionen »traditioneller« Walfänger gegen die »technische« Walfangindustrie erschüttert. Im Zuge dieser Ausschreitungen wurde die Verarbeitungsfabrik in Mehamn dem Erdboden gleichgemacht. Am 3. Dezember 1903 verabschiedete das norwegische Parlament mit 52 zu 36 Stimmen ein auf zehn Jahre befristetes Walfangverbot für die norwegische Küste.

Als Reaktion auf die gesunkenen Tranpreise und das Walfangverbot gründete der Norweger Carl Anton Larsen 1904 auf der Südatlantik-

Links: Der Ort Talvik am klimatisch begünstigten Altafjord, in den der Lachsfluss Altaelva mündet. – Rechts: Der Stockfisch trocknet in der Salzluft, am Holzgestell.

insel South Georgia (Falkland Islands) Grytviken, die erste Walfangstation für den Fang mit Mutterschiffen. Diese schwimmenden Fabriken waren unter anderem mit Trankochereien ausgerüstet, damit der Fang vor Ort verarbeitet werden konnte.

Der Walfang mit Mutterschiffen, die lange auf See bleiben konnten, ermöglichte in den Zwanzigerjahren einen explosionsartigen Anstieg der Produktion: In der Saison 1925/1926 wurden circa 9600 Tonnen Walöl produziert, fünf Jahre später waren es bereits 579 000 Tonnen oder 60-mal mehr.

Die unterschiedlichen Interessen der Walfänger führten schließlich zum Grönlandkonflikt zwischen Norwegen und Dänemark, der allerdings unblutig ausgetragen wurde. Im Jahr 1921 erklärte Dänemark seine Souveränität über das ehemalige norwegische Nebenland. Norwegen, das die Walfanggründe vor der Ostküste Grönlands zu verlieren fürchtete, erkannte damals als einziger Staat die dänische Souveränität nicht an, ein dänisch-norwegischer Vertrag sicherte im Jahr 1924 die norwegischen Walfangrechte, doch damit war der Konflikt nicht lange beendet. Um der Walfangindustrie Stützpunkte zu sichern, annektierte Norwegen im Jahr 1928 die Bouvet-Insel im Südatlantik und gliederte im darauffolgenden Jahr die Insel Jan Mayen östlich von Grönland seinem Staatsgebiet an. Im Jahr 1931 hissten schließlich norwegische Fischer und Pelztierjäger die norwegische Flagge in Ostgrönland und erklärten das Gebiet zwischen Carlsberg- und Besselfjord unter dem Namen »Eirik Raudes Land« zu norwegischem Staatsgebiet.

Als die norwegische Regierung die Okkupation bestätigte, übergab Dänemark die Angelegenheit dem Internationalen Gerichtshof in Den Haag. Im Jahr 1932 besetzte Norwegen zusätzlich Südost-Grönland, doch ein Jahr später erklärte der Internationale Gerichtshof diese Annexion von Teilen Grönlands für rechtswidrig und sprach die Insel insgesamt Dänemark zu. Die norwegischen Gebietserweiterungen zugunsten

Links: In rauen Mengen wird der Stockfisch auf den Lofoten getrocknet. – Rechts: Die Mitternachtssonne taucht die Landschaft am Glomfjord in fantastische Farben.

der Fischindustrie fanden dann ihren vorläufigen Abschluss am 15. Januar 1939 mit der Annexion von Küstengebieten der Antarktis.

Verbrannte Erde im Zweiten Weltkrieg

Die Besetzung Norwegens durch Hitler-Deutschland in den Jahren 1940 bis 1945 war eines der einschneidendsten Ereignisse in der Geschichte Norwegens. Niemals zuvor war eine ausländische Macht derart brutal gegen Norwegen vorgegangen wie die deutschen Besatzungstruppen während der Okkupation, niemals zuvor hatte eine aus- oder inländische Macht versucht, in Norwegen durch Massenerschießungen, Konzentrationslager und systematische Zerstörung ganzer Landstriche einen totalitären Staat zu errichten und jedwede Freiheit im Keim zu ersticken.

Um einer Besetzung Skandinaviens durch britische Truppen zuvorzukommen, griffen starke Kräfte der Deutschen Wehrmacht und Kriegsmarine in den frühen Morgenstunden des 9. April 1940 die neutralen Staaten Dänemark und Norwegen an. Während Dänemark nach kurzem

und eher symbolischem Widerstand das vorangegangene deutsche Ultimatum akzeptierte, war Norwegen keinesfalls zur Kapitulation bereit. So scheiterte die geplante »friedliche Besetzung« am erbitterten Widerstand der norwegischen Streitkräfte. Vor allem die deutsche Kriegsmarine erlitt in mehreren Gefechten mit norwegischen Küstenbatterien und britischen Marineeinheiten schwere Verluste. Der spektakulärste Erfolg gelang den norwegischen Kräften mit der Versenkung des deutschen Schweren Kreuzers »Blücher« vor Oscarsborg im Oslofjord.

Trotz der Fehlschläge zur See erreichten die deutschen Truppen an den meisten Landungspunkten ihre operativen Ziele in kurzer Zeit. Lediglich in Narvik brachten umgehend angelandete alliierte Truppen das deutsch Kontingent an den Rand einer Niederlage, ehe sie wegen der Kriegsereignisse in Mitteleuropa überstürzt wieder abgezogen wurden.

In Oslo verhinderten nicht nur das Debakel der Kriegsschiffgruppe, sondern auch Probleme bei den gleichzeitig angreifenden Luftlandetruppen eine rasche Eroberung. So konnten sich König Haakon VII. und die Regierung Nygaardsvold der geplanten Festnahme entziehen. Haakon

und Kronprinz Olav wurden in der Folge zu Personifikationen des Widerstands.

Bis Ende April besetzte die Wehrmacht Südnorwegen. Als die Lage auch in Mittel- und Nordnorwegen aussichtslos wurde, begaben sich die Königsfamilie und die Regierung am 7. Juni 1940 ins Exil nach London. Drei Tage später kapitulierten die norwegischen Truppen in Nordnorwegen.

Während der Kämpfe um Norwegen starben 3700 deutsche, über 3000 britische und 850 norwegische Soldaten. In einer BBC-Ansprache im Exil in London lehnte Haakon am 8. Juli die von den Deutschen geforderte Abdankung ab; als von einem freien Volk gewählter König seien die Freiheit und Selbstständigkeit dieses Volkes sein oberstes Grundgesetz.

Unterdessen hatte die Besatzungsmacht den NSDAP-Gauleiter Josef Terboven zum Reichskommissar für die besetzten norwegischen Gebiete ernannt; als Inhaber der obersten Regierungsgewalt im Zivilbereich war er bis 1945 verantwortlich für die Gräueltaten der Besatzungszeit. Am 25. September löste er mit Ausnahme des von Vidkun Quisling geführten rechtsextremen Nasjonal Samling (NS) die politischen Parteien auf, erklärte das Königshaus für abgesetzt und ernannte eine kommissarische Regierung, von deren 13 Mitgliedern neun dem Nasjonal Samling angehörten.

Als die Exilregierung einen Tag später über Rundfunk zum Widerstand aufrief, begann eine Zeit des zunächst überwiegend passiven Widerstands. Bis Anfang des Jahres 1941 hatte das NS-Regime alle verfassungsmäßigen Organe außer Kraft gesetzt beziehungsweise gleichgeschaltet und kontrollierte vollständig das öffentliche Leben.

Mit der Errichtung des Konzentrationslagers Grini in Bærum bei Oslo reagierte das NS-Regime am 14. Juni 1941 auf das Anwachsen der Widerstandsbewegung; das Gefängnis in der Møllergate in Oslo war für die Masse der Verhafteten zu klein geworden. In der Folgezeit wurden elf

Links: Obwohl man hier 45 Kilometer nördlich des Polarkreises ist, ist das Klima durch den Golfstrom gemäßigt. – Rechts: Im Flugzeugmuseum von Bodø steht eine »Ju 52«.

weitere Lager für insgesamt 35 000 Norweger eingerichtet, 366 Widerstandskämpfer wurden exekutiert.
Ab Mitte des Jahres 1941 kam es in mehreren
Betrieben zu Streiks, die das wirtschaftliche und
öffentliche Leben in manchen Regionen nahezu
lahmlegten. Widerstandsgruppen verübten Sabotageaktionen gegen Eisenbahnlinien, Wehrmachts-
einrichtungen und Industrieanlagen.

Die Besatzungsbehörden verhängten am 1. August 1941 den zivilen
Ausnahmezustand über das Land. Am 1. Februar 1942 bildete Quisling
eine Regierung, der er als Ministerpräsident vorstand. Seine Ernennung
sollte signalisieren, dass Deutschland Norwegen Selbstverwaltung ge-
währen wolle; faktisch lag die Regierungsgewalt weiter beim Reichskommissar Terboven. Am 26. November 1942 wurden 532 Juden per Schiff
aus Norwegen nach Deutschland deportiert. Insgesamt wurden während
der deutschen Besetzung mehr als 700 Juden verschleppt.

Einer der international meistbeachteten Sabotageakte des norwegischen
Widerstands war die Sprengung der Schwerwasseranlage bei Rjukan
am 27. Februar 1943: Die Zerstörung dieser Anlage sollte das deutsche
Atombombenprojekt behindern. Nach dem Wiederaufbau der Anlage –
schweres Wasser (Deuteriumoxid) ist ein Moderator für Kernreaktoren
– bombardierten US-amerikanische und britische Flugzeuge am 16. November 1943 die Anlage und ihr Elektrizitätswerk. Daraufhin begann
die Besatzungsmacht mit der Demontage und Überführung der Anlage
nach Deutschland. Die Versenkung der mit 100 000 Liter schwerem
Wasser beladenen Fähre »Hydro« auf dem See Tinnsjø am 19. Februar
1944 durch drei norwegische Widerstandskämpfer brachte das ohnehin
nur halbherzig vorangetriebene deutsche Atombombenprogramm voll-
ends zum Erliegen.

Die norwegische Widerstandsbewegung nahm erst 1943 Struktur an.
Die größte Organisation war »Hjemmefronten« (Heimatfront), deren
militärischer Teil auch Milorg genannt wurde. Am 30. November 1943

*Links: Sankthans ist das norwegische Mittsommerfest, in Westnorwegen wird es »Jonsok«
genannt: Johannis-Nachtwache. – Rechts: Sommer in Sør- und Vestlandet.*

umstellten Gestapo, Militär und Staatspolizei die Universität Oslo, 1200 Studenten und 30 Dozenten wurden verhaftet, die Universität wurde geschlossen. Von den Verhafteten wurden mehr als 700 wegen passiver oder aktiver Teilnahme an Sabotageaktionen in die Konzentrationslager Buchenwald und Natzweiler-Struthof (Elsass) deportiert.

Gewaltsame Unterdrückungsmaßnahmen wie die Verhaftung und Deportation der studierenden Jugend hatten aber nur zur Folge, dass die Anzahl der Norweger, die mit Hitler-Deutschland und seinem Marionettenregime sympathisierten, drastisch zurückging. Gleichwohl gab es deren gar nicht so wenige, unter ihnen als prominentester Vertreter der greise Literaturnobelpreisträger Knut Hamsun.

Unterdessen wirkten König und Exilregierung von London aus für die Befreiung. Am 16. Mai 1944 unterzeichnete die Exilregierung in London ein »Befreiungsabkommen« mit Großbritannien, den USA und der UdSSR. Am 30. Juni ernannte die Exilregierung Kronprinz Olav zum Verteidigungsminister und Oberkommandierenden der norwegischen Streitkräfte. Vor allem die im Exil wieder aufgebaute norwegische

Marine stand bei den Alliierten in hohem Ansehen. Auch die Handels-
marine leistete einen bedeutenden Beitrag zum alliierten Sieg.

Der Rückzug der deutschen Truppen aus Finnland löste ab 9. September
1944 katastrophale Verhältnisse im nordnorwegischen Finnmark aus:
Die Provinz musste innerhalb kürzester Zeit mehr als 100 000 deutsche
Soldaten mehr aufnehmen. Am 18. Oktober überschritten Einheiten der
Roten Armee von Finnland aus die Grenze zu Norwegen und eroberten
am 20. Oktober die Hafenstadt Kirkenes. Auf ihrem Rückzug wandte
die Wehrmacht auf Befehl Hitlers vom 28. Oktober 1944 die Taktik
der verbrannten Erde an. Die nordnorwegischen Fylker (Provinzen)
Finnmark und Troms wurden evakuiert und dem Erdboden gleichge-
macht. Die Wehrmacht zerstörte systematisch eine Landschaft von der
zweieinhalbfachen Größe Dänemarks. Von dem finnisch-norwegischen
Grenzfluss Tana aus wurde die Bevölkerung nach Westen getrieben, alle
Siedlungen wurden niedergebrannt, Straßen, Brücken und Hafenanla-
gen gesprengt. Die Hafenstadt Kirkenes wurde völlig zerstört, das gleiche
Schicksal erfuhr Hammerfest, Bodø wurde zerbombt, nahezu alle Städte

ausradiert. Circa 45 000 Norweger wurden zuerst nach Tromsø und dann weiter nach Süden vertrieben.

Nach der deutschen Kapitulation am 8. Mai 1945 übernahmen durch eine Vollmacht der Exilregierung die Widerstandsorganisation Hjemmefronten und ihr militärischer Arm Milorg provisorisch die Ordnungsfunktion in Norwegen. Am selben Tag beging Reichskommissar Terboven Selbstmord, am 9. Mai stellte sich Ministerpräsident Quisling den Behörden. Sein Name wurde zum Symbol für Landesverräter. Norwegen war befreit, die Abrechnung mit den Kollaborateuren begann.

Ein besonders unrühmliches Kapitel war dabei die Behandlung der rund 10 000 »Tyskerbarna« genannten deutsch-norwegischen Kinder, die in Heime gesteckt, diskriminiert, und teilweise schwer misshandelt wurden. Viele dieser Kinder entstammten der von der SS getragenen »Lebensborn«-Bewegung, die, befangen im nationalsozialistischen Rassenwahn, Norwegerinnen zur »Aufnordung« der deutschen Rasse missbrauchte.

Die sozialdemokratische Arbeiterpartei DnA, die nach den Stortingswahlen am 5. November 1945 unter Einar Gerhardsen mit absoluter Mehrheit die Regierung bildete, setzte den gesetzlichen Rahmen für den Wiederaufbau Norwegens, der überraschend schnell vor sich ging. Die Priorität lag beim zügigen Aufbau der Industrie. Bereits 1946 lagen Industrieproduktion und Bruttosozialprodukt höher als 1938, die folgenden Jahre waren geprägt von stetig wachsendem Wohlstand und dem Ausbau des Sozialstaats.

Nein zur EU – Ja zur Demokratie

Ein Jahrhundert nach der Unabhängigkeit zählt Norwegen zu den reichsten und politisch stabilsten Staaten der Erde mit einer fest verankerten Demokratie; ein Erfolg, auf den die Norweger stolz sind und

Links: Geschäftige Einkaufsstraße in Tromsø bei Nacht. –
Rechts: Der Nidarosdom ist auch vom Hafen von Trondheim aus gut zu erkennen.

der die Mehrheit der Norweger veranlasst hat, bei der Volksabstimmung im Jahr 1994 den Beitritt zur EU abzulehnen. Das Hauptargument der parteiübergreifenden Volksbewegung »Nein zur EU« basierte auf einem unbedingten Ja zur Demokratie: Norwegen dürfe keine Hoheitsrechte an Politiker in Brüssel abgeben, die nicht durch Wahlen demokratisch legitimiert seien; die erfolgreiche norwegische Geldpolitik dürfe nicht von einer EU-Zentralbank abhängig werden, die keiner demokratischen Kontrolle unterworfen sei. Norwegen dürfe auch nicht die doppelt so hohe Arbeitslosigkeit in der EU mitfinanzieren; die Übernahme der dürftigen EU-Umweltschutzgesetze könne zur Zerstörung der heimischen Natur führen. Bislang hatte das »Nein« zur EU keine negativen Auswirkungen. Laut Umfragen steigt in der Bevölkerung sogar der Anteil derer, die die EU ablehnen, weiter an. 2001 wurde das Schengener Abkommen für die nordischen Staaten in Kraft gesetzt. Seither können Bürger der Schengen-Staaten ohne Grenzkontrollen von Palermo bis Hammerfest reisen.

Vom Zauber unberührter Natur

Auch aus Ländern, die mit den höchsten Gipfeln Europas und mit einigen der malerischsten Landschaften der Erde gesegnet sind, fahren immer mehr Wanderer und Alpinisten nach Norwegen, um auf maximal 2469 Meter Höhe etwas zu erleben, das in Deutschland, Österreich, Frankreich oder der Schweiz unmöglich ist, aber niemanden mehr loslässt, der es einmal versucht hat: Friluftsliv – »Freiluftleben« in unberührter Natur.

Friluftsliv umfasst alle naturnahen Aktivitäten, also je nach dem Gelände Bergsteigen, Wandern oder Klettern, Skilaufen, Schwimmen, Gipfel erklimmen. Friluftsliv bedeutet, sein Zelt zu tragen und sich abzumühen, Moore zu durchqueren und Flüsse zu durchwaten, zu angeln und mit

Links: Der Plenarsaal des Osloer Rathauses ist wie ein klassisches Amphitheater geformt.
Rechts: Im Samenparlament in Karasjok tagen viermal im Jahr 39 Abgeordnete.

eisklammen Fingern ein Feuer zu bauen. Dazu gehören ein blauer Himmel, Regenbogen, Nebel und Sturm, einschlafen im Mondlicht, erwachen und die Sonne aufgehen sehen. Friluftsliv meint das Draußensein und das Erleben einer grandiosen Urlandschaft ebenso wie das Zurückfinden zu sich selbst im Einklang mit Himmel und Erde.

Anders als in Deutschland wird in Norwegen kein Unterschied zwischen Bergwandern, Bergsteigen und Trekking gemacht. Die gemeinsame Bezeichnung lautet Fjelltur – Bergfahrt. Die Grenzen zwischen Wandern, Bergsteigen und Trekking sind fließend. Leichte Klettereien und Passagen, die Trittsicherheit und Schwindelfreiheit erfordern, würzen die Zustiege zu Zweitausendern und sind auch beim Gang auf »kleine« Gipfel keine Seltenheit. Auch die wandertouristische Infrastruktur entspricht weitgehend dem Friluftsliv-Gedanken. Anders als in den Alpen oder den deutschen Mittelgebirgen werden keine autofähigen Wirtschaftswege angelegt, auf denen Wandergruppen bequem einherschreiten können; die fußbreiten Pfade und Steige durchqueren das Land, ohne dass die Natur zivilisatorischen Komfort- und Sicherheitsbedürfnissen angepasst wird.

Links: Exportartikel Holz – Rechts: Ein Museum zum Holzbau

Und wo sich doch Steig- oder Gehhilfen finden, sind sie meist naturnah wie vor Tausenden von Jahren. Im Moor liegt ein Knüppeldamm, Baumstämme fungieren als Bachbrücke, schwankende Hängebrücken machen Schluchten überschreitbar. Es gibt keine Gipfelrestaurants, die Brot-

zeit muss im Rucksack getragen, muss gepflückt und geangelt werden.

Friluftsliv fordert Körper, Sinne und Geist, verlangt Kraft und Energien und lässt Fähigkeiten lebendig werden, die im zivilisierten Leben meist verschüttet bleiben: sich in Freiheit bewegen, schwindelfrei auf Graten und Zinnen stehen, Grenzen überschreiten oder sich behutsam zurückziehen, nicht die Natur beherrschen und vernichten, sondern aktiv Teil sein des Ganzen wie der Berg, die Wolke, das Wasser, wie der Sturm, die Kiefer, das Wollgras – Natur sein, zu Hause sein. Dieses Draußenleben hat etwas Archaisches an sich, weil es frei ist von Zivilisationszwängen und gesellschaftlich definierter Moral, es ist Leben mit allen Sinnen und Auskommen mit ganz wenig. Bergsteigerische »Arbeit« bis zur Erschöpfung, zu essen und zu trinken haben, von Schönheit umgeben sein, seinen Platz ausloten und begreifen in einem gewaltigen Ganzen. Begründet wurde die Friluftsliv-Tradition im 19. Jahrhundert von naturforschenden »Touristen«, die durch die Berge und durch abgelegene Täler wanderten und zu Hause von ihren Entdeckungen und Fahrten berichteten. Es waren Träumer und glasklare Denker zugleich, die ungewöhnliche Pläne mit unfassbarer Energie verwirklichten, von Trollen und anderen Wesen des Volksglaubens bewohnte Gipfel und Grate als Erste erkundeten und selbst für Trolle gehalten werden konnten, wenn sie auf ihren Brettern vom Berg auf einen abgelegenen Hof zusausten. Es waren Wanderer, die noch nie gegangene Touren gingen, noch nie gesehene Schönheit schauten und in kargen Worten beschrieben. Einer der Ersten hieß Christen Smith: Der nachmalige Professor erstieg im Jahr 1807 als 22-Jähriger die Snøhetta, den damals als höchster norwegischer Berg geltenden Gipfel im Dovrefjell. Als naturforschender Wanderer, Bergsteiger, Kletterer, Schriftsteller, Gletscher-

forscher, Botaniker und Biologe unternahm er im Jahr 1813 von Drammen am Oslofjord aus eine 1500 Kilometer lange »Trekkingtour«, die ihn in vier Monaten über das Fillefjell in das Jotunheimen-Gebirge und durch das Romsdalen an die Westküste, über das Dovrefjell in die Femundsmarka und über das Rondane-Gebirge zurück an den Oslofjord führte.

Smith und andere wurden Vorbilder des Friluftsliv im Einklang mit der Natur. Es ging ihnen nicht darum, möglichst viele Gipfel zu bezwingen, die ausgesetztesten Grate zu begehen, die weiteste Aussicht zu genießen und andere Dinge zu erleben, die als Superlativ gelten oder »hip« und »fun« sind, sondern es ging darum, draußen in und mit der Natur zu sein, im Einklang mit ihrer Schönheit und ihren unerbittlichen Gesetzen.

Der bedeutendste Vertreter dieser Bewegung war der spätere Friedensnobelpreisträger Fridtjof Nansen. Durch einen aufsehenerregenden 500-Kilometer-Skimarathon erwarb er sich im Jahr 1884 den Ruf, ein »urgermanischer Recke« zu sein wie Beowulf, der der Sage nach in Eis und Schnee von Schweden nach Finnland geschwommen war, nur »um das Leben zu wagen«. Am 27. Januar 1884 ließ er sich als Konservator an der Zoologischen Abteilung des Museums zu Bergen beurlauben, um am folgenden Mittag in Voss mit seinem Hund Flink zu einer 250 Kilometer langen Skitour über mehrere Gebirge nach Kristiania (Oslo) aufzubrechen. In Kristiania nahm er am 4. Februar am Skispringen auf dem Husebybakken (Holmenkollen) teil, wurde Neunter und startete zum Rückmarsch nach Bergen, wo er dann am 12. Februar eintraf. Diese 500-Kilometer-Skitour war unter anderem ein Test für Nansens Plan, Grönland auf Skiern zu durchqueren.

Am 28. April 1888 promovierte Fridtjof Nansen zum Dr. phil., vier Tage später verließ er Kristiania, um das von der Öffentlichkeit als aussichtslos, wahnwitzig und unverantwortlich eingestufte Unternehmen

Links: Der Laksfossen im Nordland bei Mosjøen. Wenn man Glück hat, sieht man Lachse springen. – Rechts: Reine auf der Insel Moskenesøya hat viele Maler inspiriert.

einer Grönlanddurchquerung durchzuführen. Der Seehundjäger »Jason« setzte Nansen und seine fünf Begleiter am 17. Juli in der Mündung des Sermilikfjords vor der grönländischen Ostküste ab, auf Eisschollen arbeiteten sich die Männer zur Küste durch. Nansen hatte die unwirtliche, gebirgige Ostküste als Startpunkt festgelegt, um eine Umkehr auszuschließen – und es gelang.

Am 3. Oktober trafen die Männer in Godthaab an der Westküste ein: Erstmals war Grönland durchquert worden, die Berichte, dass die Insel im Inneren grasbewachsen und bewaldet (»grün«) sei, waren widerlegt, stattdessen hatte sich herausgestellt, dass sie von einem bis zu 3000 Meter hohen Eispanzer bedeckt war. An diese Durchquerung schloss sich eine Überwinterung in Godthaab und das Studium des Eskimolebens an. Als Fridtjof Nansen dann am 30. Mai 1889 in Kristiania eintraf, wurde ihm ein triumphaler Empfang bereitet. Im darauffolgenden Jahr veröffentlichte er den Bestseller »Paa ski over Grønland«, der in alle Verkehrssprachen der Erde übersetzt wurde. Die deutsche Übersetzung erschien 1891 unter dem Titel »Auf Schneeschuhen durch Grönland«.

Oslo und Østlandet

Der ostnorwegische Landesteil Østlandet erstreckt sich von der Hauptstadt Oslo am Oslofjord bis zu den höchsten Gipfeln Nordeuropas im Nationalpark Jotunheimen, von Telemark, dem Ursprungsland des Skifahrens, bis zur Femundsmarka und anderen seenreichen Waldregionen an der Grenze zu Schweden. Eine zentrale Verkehrsleitlinie ist das Gudbrandsdalen, das seit Urzeiten die Hauptverbindung zwischen Ost- und Mittelnorwegen bildet und als Norwegens »Tal der Täler« gilt. Zwischen dem Gudbrandsdalen und der Mjøsa, Norwegens größtem See, liegt Norwegens »Wintersporthauptstadt« Lillehammer, Austragungsort der Olympischen Winterspiele 1994. Dank der Ausweisung mehrerer Nationalparks zählen die Hochgebirgs-, Wald-, Moor- und Seengebiete des Østlandet zu den bedeutendsten Wander-, Trekking- und Kanurevieren des Nordens. Einige Berggebiete liegen auf der Wasserscheide zum atlantischen Westnorwegen, so das Jotunheimen-Gebirge und die Hardangervidda, das größte Hochplateau Europas mit seinen Wildrens.

Oslo

Oslo und Østlandet

Wo die Berge am höchsten sind
Oslo – Gudbrandsdalen – Lillehammer – Jotunheimen

Dem außerordentlichen landschaftlichen Abwechslungsreichtum mit Höhen von null bis 2469 Meter über dem Meeresspiegel entsprechen in Ostnorwegen klimatisch gravierende Unterschiede: Während das sonnige Gebiet am äußeren Oslofjord durchschnittlich nicht weniger als 136 Sommer- und lediglich 79 Wintertage zählt, herrscht im schneesicheren oberen Gudbrandsdalen an vollen 189 Tagen der Winter und nur 70 Tage sind Sommertage. Das angenehme Klima im Süden und die für Land- und Forstwirtschaft sehr gut geeigneten Böden führten dazu, dass in dieser Region mehr als die Hälfte aller Norweger wohnt.

Oslo – zwischen Fjord und Wald

Die Metropole Norwegens liegt am Fuß bewaldeter Berge an den Ufern des tief in das Land einschneidenden Oslofjords: Residenz- und Hauptstadt, Universitäts- und Kulturzentrum, bedeutendste Hafen- und Han-

delsstadt und mit knapp 600 000 Einwohnern die bevölkerungsreichste Stadt des Landes. Längs des Fjords mit seinen Buchten setzt sich die Bebauung an den Grenzen der Stadt im benachbarten Fylke Akershus fort. Insgesamt leben im Großraum Oslo 1,9 Millionen Menschen.

Neben Wald, Wasser und Sonne wird die Unverwechselbarkeit Oslos von weitläufigen Landschaftsparks und von einem reichen Kulturangebot bestimmt: Vier Theater, die norwegische Oper und zahlreiche Museen haben hier ihren Sitz, darunter die Nationalgalerie und das Munchmuseum sowie auf der Museumshalbinsel Bygdøy die Wikingerschiffe von Oseberg und Gokstad und das Freilichtmuseum mit rund 150 historischen Gebäuden einschließlich der Stabkirche von Gol.

Die schönste Art der Annäherung an Oslo ist die Fahrt durch den Oslofjord: Wenn man die Schären und Buchten und dann die Stadt und dahinter die Berge sieht – das ist Oslo, unverwechselbar, eine Perle zwischen Wald und Meer.

Links: Bis weit in den Sommer hinein bleibt im Jotunheimen-Gebirge der Schnee liegen.
Rechts: Oslos Rathaus wurde zum 900-jährigen Stadtjubiläum 1950 eingeweiht.

Dieses wunderschöne Fleckchen Fels und Erde zwischen den bewaldeten Bergen und dem sonnigen Fjord lockte zu allen Zeiten Menschen an. Die ältesten Siedlungsspuren reichen bis in die Steinzeit zurück. Der Name stammt aus germanischer Zeit: Oslo bedeutet »Asen-Hain« – den Göttern geweihte Lichtung im Wald.

Um das Jahr 1050 gründete König Harald Hardråde im Osten dieser Stätte eine Handelsstadt, die bereits 20 Jahre später Bischofssitz wurde. Im Jahr 1299 löste Oslo Bergen als Hauptstadt Norwegens ab und etablierte sich in der Folgezeit als wichtigstes wirtschaftliches und geistiges Zentrum des Landes. Von den neun Kirchen Alt-Oslos, den Klöstern, der Bischofsburg, dem Königssitz und anderen Bauwerken sind Ruinen erhalten und teilweise in »Ruinenparks« zu besichtigen.

Als im Jahr 1624 ein Brand die Stadt Oslo verwüstete, ließ der dänische König Christian IV. westlich der Akerselva eine neue Stadt errichten, in der auch Privathäuser aus Brandschutzgründen in Stein erbaut werden mussten. Diese neue Residenzstadt mit ihrem rechtwinkligen Straßenraster wurde nach dem König »Christiania« genannt, während

die vom Brand weitgehend zerstörte alte Stadt östlich der Akerselva weiterhin »Oslo« hieß; erst seit 1925 heißt die gesamte Stadt »Oslo«. Dominiert wurde die neue Residenzstadt von der auf einer felsigen Halbinsel gelegenen Festung Akershus, die Christian IV. zum

Schloss umbauen ließ. Schloss und Festung Akershus zählen heute zu den Hauptsehenswürdigkeiten Oslos. Neben dem hervorragenden Panorama von den Wällen der Schloss- und Festungsanlage beeindruckt vor allem ein Besuch des norwegischen Widerstandsmuseums (Norges Hjemmefrontmuseum), das ebenfalls in der Festung untergebracht ist.

Oslos Schlosspark

Oslo ist reich an Grünanlagen und Parks, die beiden bedeutendsten sind der weitläufige Schlosspark und der Frognerpark mit den berühmten Plastiken Gustav Vigelands.

Der Gang durch die von Geschäften, Restaurants und Cafés gesäumte Prunk- und Paradestraße Karl Johans gate am Stortingsgebäude, am Grand Hotel, am Nationaltheater und an der Alten Universität vorbei zum Schloss bildet den klassischen Einstieg in die Besichtigung Oslos. Neben der Universität befindet sich am Rande des Schlossparks das Historische Museum mit Exponaten von der Steinzeit bis zu den Wikingern, vom christlichen Mittelalter bis zu den Polarexpeditionen und der Kultur der Samen. Auch die Nationalgalerie (Nasjonalgalleriet), der bedeutendste Kunsttempel Norwegens mit Werken einheimischer (Schwerpunkt: norwegische Nationalromantik) und ausländischer Künstler von Cézanne und van Gogh bis Picasso und Rodin, hat hier ihren Sitz. Vom Schlosspark ist der Abstecher zum Frognerpark mit den Plastiken Gustav Vigelands zu empfehlen.

Links: Oslos Festung Akershus auf der Halbinsel Akersnes. –
Rechts: Die Karl Johans gate ist die Verbindung zwischen Parlament und Stadtschloss.

Zu den meistfotografierten Motiven im Schlosspark mit seinem alten Baumbestand zählt neben dem Königsschloss und der Wachablösung die malerisch von Laubbäumen umgebene Camilla-Collett-Statue von Vigeland. Die Schriftstellerin Collett (1813–95) war die erste Frauenrechtlerin Norwegens. Während ihr Bruder, der Dichter Henrik Wergeland (1810–45), für die geistige und politische Emanzipation Norwegens und für die Lösung von Schweden eintrat, kämpfte Collett für »kvinnesaken«, die Emanzipation der Frauen. Am 31. Mai 1911 wurde ihre Statue im Schlosspark enthüllt, nur einen Steinwurf von Wergelands »Grotten«-Villa entfernt. Die Feministin Gina Krog würdigte Leben und Werk Colletts, und über der Menge wehten die Fahnen der Frauenstimmrechtsbewegung.

Zwar besaßen die Norwegerinnen damals mehr politische Rechte als in Schweden, Dänemark, Deutschland, Österreich oder der Schweiz, aber erst am 7. Juli 1913 verabschiedete das Storting das Gesetz zur Einführung des uneingeschränkten aktiven und passiven Frauenwahlrechts auf Kommunal- und Reichsebene: Damit durften sich die Norwegerinnen nicht nur wie bislang an den Stortingswahlen beteiligen, sondern konnten erstmals auch gewählt werden.

Klobig und nackt – die Vigeland-Figuren

Der zweite große Landschaftspark in Oslo ist der Frognerpark mit dem Hauptwerk des Bildhauers Gustav Vigeland: ein plastisch-landschaftsgestalterisch-architektonisches Ensemble aus 190 Skulpturen in Bronze und Granit mit Szenen aus Leben und Liebe, darunter der »Lebensbaum«, ein Monolith mit verschlungenen nackten Leibern. Die Skulpturen mit rund 650 Einzelfiguren sind längs einer 850 Meter langen Achse angeordnet, in deren Mittelpunkt sich das Plateau mit dem 16,75 Meter hohen Monolithen erhebt. Bei den meist überlebensgroß und immer unbekleidet dargestellten Menschen aller Altersstufen herr-

Links: Ein Soldat steht Wache am Königlichen Schloss Oslo. – Rechts: Die kühne Konstruktion der neuen Oper am Oslofjord löste nicht nur Begeisterung aus.

schen symbolträchtige, kraftvoll quellende und oft kompliziert ineinander verschränkte und bewegte Formen vor. Das Skulpturenensemble ist eine der Hauptsehenswürdigkeiten Oslos und wird jährlich von Zehntausenden besichtigt.

Museumshalbinsel Bygdøy

Die waldreiche Villen-Halbinsel Bygdøy im Oslofjord im westlichen Bereich der Hauptstadt trägt den bedeutendsten Museumskomplex Norwegens. Hier befinden sich das Norwegische Seefahrtsmuseum, das Freilichtmuseum Norwegisches Volksmuseum, das Museum der Wikingerschiffe, das Framhaus mit Fridtjof Nansens berühmtem Polarschiff »Fram«, das Kon-Tiki-Museum mit dem Balsafloß von Thor Heyerdahl und der Liegeplatz von Heyerdahls Papyrusboot »Ra 2«.

Aker Brygge – Boutiquen und Theater

Während das Rathaus (1931–50), das mit seiner Doppelturmarchitektur früher als das moderne Wahrzeichen Oslos galt, den Geschmack einer

Beamtenstadt der ersten Hälfte des 20. Jahrhunderts spiegelt, bündeln sich im Erlebnis-, Kauf- und Kulturzentrum Aker Brygge die Ansprüche des modernen Oslo: In aussichtsreicher Lage direkt am Fjord entstand ein autofreies Ensemble von Cafés, Restaurants, Boutiquen, Theatern und Kinos, dessen postmoderne Architektur Teile der alten Werft, die sich hier vorher befand, einbindet. Mit der Verbindung aus Alt und Modern, aus Shopping, Eventkultur, Gastronomie und gepflegter Hafenatmosphäre hat Aker Brygge das Rathaus als moderne Visitenkarte Oslos abgelöst.

Gudbrandsdalen – Tal der Täler

Das Gudbrandsdalen durchzieht auf einer Länge von 203 Kilometern die Gebirgswelt des nördlichen Ostnorwegen. »Dalen over alle daler« nannte der Dichter Henrik Wergeland dieses imposante Tal, dessen Hänge sich oft steil bis auf Höhen von 1000 Metern hinaufschwingen. Beidseits des vom Lågen durchflossenen Talgrunds liegen zum Teil jahrhundertealte Höfe, westlich des Tals erstrecken sich Ausläufer des Jotunheimen-

Gebirges, im Osten die Gebirgslandschaften von Øyerfjellet und Ringebufjellet sowie der Nationalpark Rondane. Das Gudbrandsdalen ist ein idealer Ausgangspunkt zur Erkundung dieser Gebirge, und sein größtes Nebental, das Ottadalen, führt direkt zum Nationalpark Jotunheimen.

Das Gudbrandsdalen beginnt im Süden bei der Olympiastadt Lillehammer am See Mjøsa, dem größten See Norwegens. Von hier streicht es in zahlreichen Windungen nach Nordwesten und endet am See Lesjaskogsvatnet in 612 Meter Höhe. Seit Menschengedenken bildete das Gudbrandsdalen die wichtigste Verbindungslinie zwischen Ost- und Mittelnorwegen. Heute verläuft hier die Europastraße 6. Auch der Dovrebanen, die Eisenbahnlinie von Oslo nach Trondheim, folgt bis Dombås dem Gudbrandsdalen.

Eng verbunden ist das Gudbrandsdalen mit den norwegischen Literaturnobelpreisträgern Bjørnson, Undset und Hamsun. Sigrid Undset lebte ab den Jahren 1919/20 mit Ausnahme der NS-Besatzungsjahre in Lillehammer. Ihr Hauptwerk und eines der bedeutendsten Werke der norwegischen Romanliteratur ist die im Gudbrandsdalen spielende Trilogie »Kristin Lavransdatter« (1920–22). Darin schildert sie die Entwicklung der eigenwilligen, leidenschaftlichen Titelgestalt, der im Spannungsfeld zu mehreren Männern stehenden tatkräftigen Gudbrandsdalen-Bäuerin Kristin.

Die Handlung ist ins 14. Jahrhundert verlegt, ohne dass Undset den Versuch unternahm, den Sagastil zu imitieren: In packendem Realismus entwickelt sich ein Monumentalepos, in dem Pflichtgefühl und Glückssehnsucht, Erotik, Intrigen und Hass sowie die Verbundenheit mit Himmel, Erde und Gott als Triebfedern menschlichen Handelns erscheinen. Im Jahr 1928 erhielt Undset den Literaturnobelpreis »für ihre kraftvollen Schilderungen des nordischen Lebens im Mittelalter«. Im Jahr 1936

Links: Jahrhundertealte Gehöfte prägen das Gudbrandsdalen, Norwegens »Tal der Täler«. – Rechts: Entlang des Matuweges Peer-Gynt-Vegen blüht und grünt es allerorten.

wurden die Bücher der engagierten NS-Gegnerin in Deutschland verboten. Undsets Schilderungen des nordischen Lebens waren der pseudonordisch-rassistischen Blut-und-Boden-Ideologie der Nationalsozialisten diametral entgegengesetzt. Beim Überfall von Hitler-Deutschland auf Norwegen fiel im April 1940 Undsets ältester Sohn; die Nobelpreisträgerin floh unter dramatischen Umständen in die USA, wo sie ihren publizistischen Kampf gegen das NS-Regime fortsetzte. 1949 starb sie in Lillehammer.

Freilichtmuseum Maihaugen

Maihaugen, eine parkartig gestaltete Hügellandschaft am Ortsrand der Olympiastadt Lillehammer, ist eines der größten Freilichtmuseen Nordeuropas. Es besteht aus rund 190 historischen Gebäuden aus dem Gudbrandsdalen und seinen Nebentälern. Die Objekte verteilen sich auf die Sammlungen »Dorf«, »Stadt« und »20. Jahrhundert«. Zu den berühmtesten Bauten zählt die Stabkirche von Garmo aus dem 13. Jahrhundert. In den Sommermonaten sind einige Gehöfte und Häuser des Freilichtmuseums Maihaugen bewohnt, auch einiges Vieh läuft dann umher, damit die Besucher hautnah erleben können, unter welchen Umständen die Menschen im 19. Jahrhundert unter den sodengedeckten Dächern lebten, Holz hackten, am Spinnrad saßen, an der Feuerstelle Essen zubereiteten und in der Halle speisten.

Knut Hamsun – Wahnsinn und Genie

Der bekannteste Sohn des Ottadalen ist Knut Hamsun. Am 4. August 1859 wurde er in Garmostræ bei Garmo in der Gemeinde Lom im größten Seitental des Gudbrandsdalen als Knud Pedersen geboren. Sein Vater war ein in Armut lebender Schneider bäuerlicher Herkunft, Hamsuns als museale Gedenkstätte zugängliches Geburtshaus ist auch ein Museum der Armut.

Links: Das Freilichtmuseum Maihaugen bei Lillehammer zeigt, wie Menschen früher lebten. – Rechts: In Maihaugen stehen 175 alte Gebäude aus dem Gudbrandsdalen.

Getauft wurde Hamsun in der Stabkirche von Garmo, die heute im Freilichtmuseum Maihaugen in Lillehammer steht. Im Jahr 1862 verließ die Familie Pedersen das Ottadalen und übersiedelte ins Nordland nach Hamsund auf der Insel Hamarøy gegenüber der Lofoten-Inselgruppe; nach diesem Wohnort, der ihn wie kein anderer geprägt hat, wählte Hamsun später seinen Künstlernamen.

Anders als Sigrid Undset begrüßte Hamsun den Überfall des nationalsozialistischen Deutschen Reichs auf Norwegen. Der 81-Jährige erwartete vom »Führer« und seinen Helfern die Errichtung einer nordisch-germanischen Gemeinschaft, basierend auf positiven Werten. Auch in Deutschland hatten im Jahr 1933 viele die »Machtergreifung« begrüßt, weil die germanisierende NS-Propaganda in ein spirituelles Vakuum gestoßen war und ein neues Gemeinschaftsgefühl hervorzurufen verstanden hatte. Aber während bald darauf offenbar wurde, dass die NS-Ideologie germanische Symbole und Mythologie nur missbrauchte, um einen totalitären KZ-Staat aufzubauen, drang dieses Wissen noch nicht in das Bewusstsein des greisen Hamsun vor, der weiter verschwom-

mene nordische Träume hegte. Er stutzte zwar, als die Königsfamilie außer Landes floh, aber er benutzte weiter die Macht seiner Feder, um in Artikeln für das NS-Regime zu werben. Hartnäckig hielt Hamsun, obwohl er sich in seinem Werk gegen solche »Führerfiguren« ausgesprochen hatte, an seinem Glauben an den »Führer« fest, selbst nachdem die deutsche Wehrmacht halb Norwegen verwüstet hatte. Hamsuns schwärmerischer Irrsinn missfiel schließlich sogar der NS-Führung, denn dieser Irrsinn war nicht nationalsozialistisch gemeint – im Gegenteil: Genau in diesem Widerspruch liegt die Tragik des greisen Autors.

Nach dem Krieg wurde Hamsun vor Gericht gestellt; 1948 wurde der Autor von Werken der Weltliteratur wie »Hunger«, »Pan« und »Segen der Erde« wegen Landesverrats zu einer Geldstrafe von 425 000 Kronen verurteilt, was letztlich einer Enteignung gleichkam.

Jotunheimen – Dach von Skandinavien

Das Museum von Bjørnsons Hjem befindet sich in Aulestad im Gausdal, einem Seitental des Gudbrandsdalen. Hier lebten ab dem Jahr 1874

Karoline und Bjørnstjerne Bjørnson, der erste skandinavische Literaturnobelpreisträger und Dichter der norwegischen Nationalhymne. Um die Jahrhundertwende war Aulestad eines der geistigen Zentren Norwegens. Als Bjørnson 1903 als erster Skandinavier den Nobelpreis für Literatur erhielt, war er auf-  grund seines politischen und sozialen Engagements bereits europaweit bekannt: Er kämpfte für die staatliche Unabhängigkeit Norwegens, engagierte sich in der Friedensbewegung und setzte sich für unterdrückte Minderheiten ein.

Als Erzähler begründete Bjørnson die nationalromantisch gefärbte, realistische Bauernnovelle mit feinfühlig differenzierten Gestalten und einem den altnordischen Sagas nachempfundenen Stil (»Synnøve Solbakken«, 1857). Bjørnsons Lyrik reicht vom Kinderlied bis zur Romanze, sein bekanntestes Gedicht ist die norwegische Nationalhymne.

Hier, im Jotunheimen – dem »Heim der Riesen« –, erheben sich die höchsten Berge Nordeuropas. Mehr als 200 Gipfel dieses vergletscherten Gebirgsmassivs ragen über die 2000-Meter-Grenze hinaus; höchste Erhebungen sind der Galdhøpiggen mit 2469 Metern und der von einer Eiskappe bedeckte Glittertind mit circa 2464 Metern. Mit der Ausweisung als Nationalpark im Jahr 1980 wurde eine Landschaft vor der Zerstörung bewahrt, die mit ihren Gipfeln, Graten und Gletschern, ihren fruchtbaren Tälern und Pflanzenoasen, Seen und Wasserfällen zu den abwechslungsreichsten und wildesten Europas zählt.

Heute ist der Jotunheimen die durch Hütten und markierte Routen am besten erschlossene und meistbesuchte Bergwanderregion Skandinaviens. Da sich das Gebirge auf der Grenze zwischen Ost- und Westnorwegen erhebt, weist es die Reliefformen beider Landesteile auf und ermöglicht Touren, die allen Ansprüchen gerecht werden.

Der Name Jotunheimen spielt auf das altnordische »Heim der Riesen« an, wie in der eddischen Kosmologie die Welt der machtvollen Riesen,

Links: Knut Hamsuns Geburtshaus im Ottadalen ist heute ein Museum kleinbäuerlicher Kultur. – Rechts: Im Freilichtmuseum Maihaugen wird Hand angelegt.

Thurse und Trolle heißt. Flüsse und der Eisenwald trennen das eddische Riesenheim von der Menschenwelt Midgard; auch die Annäherung aus der heutigen Menschenwelt an das reale Jotunheimen-Gebirge ist nicht ganzjährig möglich. Im Osten wird der Nationalpark durch das fruchtbare Tal Sjodalen begrenzt und läuft im Südosten in die Hochfläche Valdresflya aus. Sjodalen und Valdresflya sind durch die Reichsstraße 51 erschlossen, deren höchster Trakt im Winter gesperrt ist. Auch die landschaftlich einzigartige Reichsstraße 55 vom Ottadalen im Norden über das Sognefjell im Nordwesten ist im Winter unpassierbar, gleiches gilt für die Reichsstraße 252 zu den Seen Bygdin und Tyin an der Südgrenze des Nationalparks. Auch wenn die Straßen wieder befahrbar sind, liegt auf vielen Mautwegen noch im Juni vielfach Schnee. Als schönste Zeit im Riesenreich gilt der September.

Die Schönheit und Dramatik dieser Gebirgslandschaft war seit der touristischen Entdeckung im 19. Jahrhundert auch für viele Künstler eine Quelle der Inspiration. Das Museum »Vinjestugu« in Eidsbugarden am See Bygdin erinnert an den romantischen Dichter und Wanderer Aasmund Olavsson Vinje (1818–70), den Erfinder des Namens »Jotunheimen«. Edvard Grieg notierte in den 1890er-Jahren im Zuge der europaweiten Volksmusikbewegung auf der Alm und heutigen Herberge Gjendebu die Lieder der Sennerin Gjendine Saalien und verarbeitete sie als »Norwegische Volksweisen« zu klassischer Musik.

Peer Gynt auf dem Besseggen

Das Drama »Peer Gynt« von Henrik Ibsen, untermalt mit Griegs Bühnenmusik, machte die Wanderung über den Grat Besseggen bekannt, die meistbegangene Wanderroute im Jotunheimen. Der Besseggen über dem smaragdgrünen See Gjende im Nationalpark Jotunheimen ist der

Links: Eine Fähre überquert den Gjende. – Rechts: Der atemberaubende Blick auf die Seen Gjende und Bessvatnet vom Gipfel des Besseggen.

bekannteste Felsgrat Norwegens und ein Wanderklassiker, der in außergewöhnlichem Abwechslungsreichtum die Schönheit des norwegischen Gebirges erleben lässt, mit faszinierender Aussicht auf Seen, Gipfel und Gletscher. Henrik Ibsens Peer Gynt bezeichnet den Besseggen als »scharf wie eine Sense«; er behauptet zudem, die Tour auf einem Renbock unternommen zu haben und dabei abgestürzt zu sein.

Peer Gynt, der sagenumwobene Bauer und Jäger, lebte vermutlich im 18. Jahrhundert. Im Gudbrandsdalen erinnern heute rund um das Städtchen Vinstra, wo Peer Gynt auf dem Hof Håga gewohnt haben soll, Cafés, Geschäfte und Restaurants an den berühmten Abenteurer. Durch die Berglandschaft westlich des Gudbrandsdalen führt der mautpflichtige Peer-Gynt-Vegen als attraktive Alternative zur Europastraße 6.

Da Henrik Ibsen aus den norwegischen Märchen und Sagen schöpfte, die Peter Christen Asbjørnsen veröffentlicht hatte, galt Peer Gynt lange als die Verkörperung des Norwegers schlechthin. In einer Fülle von Episoden und Schauplätzen schildert das Drama die Geschichte einer Selbstfindung – ganz nach dem Motto: »Du selbst zu sein, sei dein Ruhm«.

Sørlandet und Telemark

Das Sørland im äußersten Süden ist Norwegens kleinster Landesteil. Die Felsen von Kap Lindesnes markieren den südlichsten Punkt des norwegischen Festlands. Vom Skagerrak erstreckt sich das waldreiche Sørland hinauf zu den Fjellgebieten der Setesdalsheiene am Fluss Otra, der im Setesdal ein imposantes Tal mit Wasserfällen und senkrecht aufsteigenden Felswänden durchfließt. Im Nordosten geht das Sørland nahtlos in die Landschaft Telemark über, die Wiege des modernen Skilaufs. Auch die großen touristischen Leitlinien verbinden Sørlandet und Telemark: Die Sørlandsbahn und die Europastraße 18 führen von Oslo durch Telemark in die Hafenstadt Kristiansand, die größte Stadt im Sørland. Warme, sonnige Sommer und schneereiche Winter machen das Sørland fast ganzjährig zu einem idealen Ausflugsgebiet, viele der malerischen Hafenorte an der buchten- und schärenreichen Skagerrakküste strahlen ein mediterranes Flair aus, etwa das auf sieben Inseln erbaute Arendal, die Holzhausstadt Mandal und Flekkefjord an der Grenze zu Jæren.

Oben: Das wald- und seenreiche Hallingdal in Buskerud verbindet den Großraum Oslo und die Gebirge am Übergang zur Westküste. – Mitte: Der Telemarkkanal wurde bei der Fertigstellung 1892 als »achtes Weltwunder« bezeichnet. – Unten: Der Wasserfall Reiårsfossen im Setesdal stürzt 200 Meter tief.

Telemark

Sørlandet und Telemark

Schären und Wälder
Kragerø – Risør – Kap Lindesnes – Setesdal

Die Sørlandküste ist ein sonnenverwöhntes Bade- und Wassersportparadies, das ein Schärengürtel vor der offenen See schützt. Schären sind kleine, überwiegend vegetationslose Felsinseln, die in ehemaligen Vereisungsgebieten beim Eindringen des Meerwassers nicht geflutet wurden. Sie treten in Schwärmen auf und sind als

»Schärengärten« der Küste vorgelagert. Von fast allen Hafenorten starten Ausflugsboote zu »Kreuzfahrten« durch den Schärengarten. Als die beeindruckendste Bootsausflugsroute gilt die Blindleia, das stellenweise nur zehn Meter breite Fahrwasser zwischen Lillesand und Høvåg bei Kristiansand. Während die Inseln der Schärenküste zwischen Kristiansand und Lillesand relativ häufig bebaut sind, sind die rund 200 Inseln zwischen Kristiansand und Mandal weitgehend unberührt, viele dieser Felsinseln sind wichtige Rückzugs- und Brutplätze für Seevögel.

Europastraße 18 – Schärenstraße
Die Europastraße 18 erschließt zwischen Oslo und Kristiansand die Sørlandküste vom Langesundsfjord bei Porsgrunn in Telemark bis zur

175 Kilometer entfernten Hafenstadt Kristiansand. Die E 18 verläuft wenige Kilometer im Binnenland parallel zur buchtenreichen Felsküste; die Strände, Hafenorte und all die vielen Natursehenswürdigkeiten sind im Rahmen kurzer Abstecher erreichbar.

Alternativen zur Europastraße sind auf einigen Streckenabschnitten die alten Küstenstraßen wie die Provinzstraße 351 zwischen der Künstlerstadt Kragerø und der »weißen Stadt« Risør sowie weitere Küstenstraßen bis Arendal; von Kragerø bietet sich ein Ausflug auf die Insel Jomfruland an, von Risør auf den Lyngør-Archipel mit »Europas besterhaltenem Dorf«. In der »Ibsenstadt« Grimstad sind die Seenplatte und der Landschaftspark Dømmesmoen lohnende Ziele, während die Besucher bei Mandal ein bekannter Badestrand erwartet.

Von Kristiansand, wo die Reichsstraße 9 in das sehenswerte Setesdal abzweigt, führt die Europastraße 39 weiter in das 125 Kilometer entfernte Flekkefjord, wo die Schären an der Grenze zu Jæren enden.

Links: Leichter Morgennebel am Binnensee Byglandsfjord. – Rechts: Die »weiße Stadt« Risør liegt auf der Spitze einer weit in das Skagerrak vorragenden Halbinsel.

Künstlerstadt Kragerø

Die Schärenküste von Telemark erstreckt sich auf 40 Kilometern vom Langesundsfjord bis zur Künstlerstadt Kragerø. Hunderte von größeren und Kleinstinseln säumen die Küste, viele sind Rückzugs- und Brutgebiete für Seevögel, sodass Friluftsliv- und Naturschutzbelange abgegrenzt wurden. Ca. 90 Seevogelreservate sind von Mitte April bis Mitte August mit Betretungsverbot belegt, auch die Annäherung im Boot darf nur bis auf 50 Meter erfolgen, die anderen Inseln dienen als »Schärenpark« den unterschiedlichsten Friluftsliv-Aktivitäten oder sind bewohnt.

Der malerischste Ort dieses Küstenabschnitts ist das teils auf der Spitze einer weit in den Schärenpark hinausragenden Halbinsel, teils auf einer Insel gelegene Hafenstädtchen Kragerø. Die Stadtgemeinde besteht aus zahllosen Inseln, von denen viele stattliche Feriendomizile tragen; ab dem 19. Jahrhundert avancierte die naturschöne Inselwelt von Kragerø zu einem bevorzugten Urlaubsort vermögender Bürger überwiegend aus dem Großraum Oslo. Gleichzeitig entdeckten Künstler dieses Gebiet, der bekannteste war Edvard Munch, der 1909–15 auf dem Anwesen

Skrubben lebte und in seinem Freiluftatelier mit Blick auf die Schären malte. In Kragerø geboren wurde der Zeichner und Maler Theodor Kittelsen (1857–1914), dessen Geburtshaus im Kittelsensvei 5 als museale Gedenkstätte zu besichtigen ist. Kittelsen wurde berühmt durch fantasievolle Illustrationen zu Märchen und Sagas, seine Aquarellserie »Jomfruland« (1893, Oslo, Nasjonalgalleriet) zeigt ihn als stimmungsvollen Naturschilderer. Die sagenumwobene Insel Jomfruland mit ihren Eichenwäldern und Badestränden und ihrem reichen Pflanzen- und Vogelleben liegt wie ein schützender Wall vor dem Schärenhof Kragerøs und ist in einer knappen halben Stunde mit der Fähre erreichbar.

Die Seen der Umgebung von Grimstad bilden ein Dorado für Kanuwanderer und Wassersportler, auch die Schärenküste mit ihren Felsen und Badestellen weist wunderschöne Plätze auf. Mehrere museale Einrichtungen erinnern daran, dass der Dramatiker Henrik Ibsen 1844–50 eine Apothekerlehre in Grimstad absolvierte. Der Reimanngården in der Vestregate 3 ist das wieder aufgebaute Apothekengebäude, in dem er als Lehrling arbeitete und zunächst in beengtesten Verhältnissen wohnte sowie zum ersten Mal Vater wurde. Im Ibsenhuset in der Henrik Ibsensgate bezog er im Jahr 1847 sein erstes eigenes Zimmer und verfasste dort auch sein erstes Drama.

Weiße Stadt Risør

Die weiße Stadt Risør liegt an der Spitze einer weit in das Skagarrak vorspringenden Halbinsel. Mit ihrer stilvollen Holzhausbebauung aus dem 19. Jahrhundert ist sie ein lebendiges Freilichtmuseum: Das Areal mit 586 Holzhäusern – viele weiß, andere im traditionellen Falunrot – hat den Status eines »antiquarischen Spezialgebiets« erhalten und wird dementsprechend hervorragend gepflegt. Erbaut wurde die »weiße Stadt« nach einem Großbrand, den 1861 außer der barocken Hellige

Links: Der Ort Kragerø liegt am gleichnamigen Fjord. – Rechts: Kragerøs Einwohner leben vor allem vom Tourismus, vom Fischfang und von der Schifffahrt.

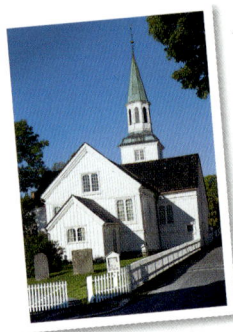

Ånds Kirke (1647) nur wenige Häuser überstanden. In den folgenden Jahren wurden in Massivholz die weiß gestrichenen Häuser errichtet, in einer fantasievollen Stilmischung mit Elementen des Empire- und des Biedermeier-Stils. Auf den Grundstücken, die in den Jahren nach dem Brand frei blieben, entstanden in den 1870er-Jahren Holzvillen im »Schweizerstil« mit höheren Stockwerken, schmaleren Fenstern und vorgezogenen Dachfirsten. Seinen Reichtum verdankte Risør dem auch im Winter zumeist eisfreien Hafen, von dem aus Fisch und insbesondere Eis für die Fischmärkte in London und anderswo exportiert wurde.

Auch die Kalkfelsen von Risør leuchten weiß. Der berühmteste unter ihnen ist wohl der 45 Meter hohe Risørflekken, der bei klarer Sicht zwölf Seemeilen weit sichtbar ist. Früher diente er den Schiffern als Seezeichen, heute ist er einer der schönsten Aussichtspunkte der gesamten Sørlandküste mit herrlichem Blick auf die Holzhausstadt, den Schärengarten und hinaus aufs offene Meer.

Lindesnes – Südkap Norwegens

Genau 2518 Straßenkilometer vom Nordkap entfernt markieren die Felsen von Lindesnes den südlichsten Punkt des norwegischen Festlands. Wer das ganze Land in seiner immensen Vielfalt über 13 Breitengrade hinweg »erfahren« will, startet die Reise nach Norden hier an der windumtosten, von der Brandung umrauschten Südspitze einer von Wald und Fels geprägten Landzunge am Übergang von Skagerrak und Nordsee.

Wahrzeichen von Lindesnes ist das Lindesnes fyr, ein im Jahr 1915 errichteter Leuchtturm, dessen Aussichtsgalerie einen hervorragenden Blick auf die von Felsen geprägte Sørlandküste mit ihren Inseln und auf die See bietet. Dank Aussichtsreichtum und Sichtbarkeit wurde auf dem Felsen von Lindesnes am 27. Februar 1656 das erste Leuchtfeuer

Links: Risør an der Skagerrakküste ist beliebtes Ziel nicht nur für Segler. – Rechts: Auch die kleine weiße Kirche trägt zum Charme des Ortes bei.

in der neuzeitlichen Geschichte Norwegens entzündet: 30 Talglichter im oberen Teil eines dreigeschossigen Turms sollten die unfallträchtigen Gewässer vor dem südlichsten Punkt des norwegischen Festlands sicherer machen. Dieses erste Leuchtfeuer brannte nur wenige Monate, 1725 wurde der Dauerbetrieb aufgenommen. Damit die Lichtzeichen von Lindesnes und dem jütländischen Skagen sofort unterschieden werden konnten, wurde die norwegische Südspitze mit zwei Feuern ausgestattet: Bis zum Jahr 1844 brannte ein Kohlenfeuer auf dem heutigen Leuchtturmfelsen und ein zweites auf der Insel Markøy. Heute schaltet sich die 1000 Watt starke Halogenlampe bei einbrechender Dunkelheit automatisch ein und strahlt das charakteristische Lichtsignal aus: alle 20 Sekunden ein starkes Blinken vor einem konstanten »Hintergrund« von schwächerem Licht.

Lindesnes zählt zu den meistbesuchten Stätten im Sørlandet, allerdings beschränkt sich der Besucherandrang auf den Leuchtturm, und wer von dort zum tatsächlich südlichsten Punkt des norwegischen Festlands wandert, kann dies auch in der Hauptsaison meist in Ruhe tun. Vom

Leuchtturm aus ist das Ziel in Sicht: Es sind die noch weiter südlich in die See hineinragenden Felskuppen im Osten.

Das Setesdal

Das Setesdal mit seinen Wasserfällen und senkrecht aufsteigenden Felswänden zählt zu den naturschönsten Tälern Norwegens. Vom Binnensee Byglandsfjord streicht das von der Otra durchflossene Tal 100 Kilometer nordwärts, flankiert von zwei bedeutenden Fuß- und Skiwandergebieten: Setesdals- und Austheiene. Haupturlaubsorte sind das Wintersportzentrum Hovden in der Gemeinde Bykle und das Kirchdorf Valle, ein Zentrum des traditionellen Silberschmiedekunsthandwerks.

Verkehrsmäßig erschlossen ist das Setesdal durch die von Kristiansand nordwärts nach Haukeligrend führende Reichsstraße 9. Sie folgt fast durchgehend dem Lauf der Otra, die auch den Byglandsfjord speist. Bis ins 19. Jahrhundert war die der Otra folgende Nord-Süd-Route mit großen Strapazen verbunden: Ein Bergriegel oberhalb des Byglandsfjords sperrte den Zugang, sodass das Setesdal vom Süden weitgehend abge-

schnitten war; die Reise vom Setesdal nach Kristiansand soll damals 14 Tage gedauert haben, heute
dauert sie wenige Stunden. Wegen der senkrech-
ten Felswände, der unbewohnten Hochflächen
zu beiden Seiten und des Querriegels im Süden
war das Setesdal bis ins 19. Jahrhundert von der
Außenwelt weitgehend abgeschnitten.
Gräberfunde an der Kirche von Valle belegen,
dass dieses wunderschöne Tal ungeachtet sei-

ner Abgeschiedenheit bereits in germanisch-wikingischer Zeit besiedelt
war, und die Spuren im Finndalen, einem Nebental, reichen bis in die
Steinzeit zurück. Das Hegni-Museum in Hovden dokumentiert, wie
in germanisch-wikingischer Zeit Eisen aus Moorpflanzen gewonnen
wurde; Hovden war für diese Technik ein Zentrum. Das Vidmyr-Reser-
vat bei Hovden ist heute das größte Moornaturschutzgebiet im Setesdal.
Hauptverkehrsweg für das von der Außenwelt abgeschnittene Setesdal
war bis ins 19. Jahrhundert der west-ostgerichtete Skinnvegen. Auf diesem »Pelzweg« transportierten die Bauern Pelze und Felle nach Stavanger, um ihre Steuern zu bezahlen; ostwärts führte der Pelzweg in das
Fyresdal und weiter nach Telemark. Eine Nebenlinie des Pelzwegs ist der
von Valle ins Finndalen und nach Fyresdal führende Bispevegen, heute
ein lohnender Wanderweg. Den Namen »Bischofsweg« trägt er, weil er
angeblich von Bischöfen als Gebirgsübergang benutzt wurde. Ab Mitte
des 19. Jahrhunderts wurden Überlegungen laut, das abgeschiedene Tal
an den Süden des Landes anzubinden und zu »zivilisieren«, wobei die
Otra als Verkehrsleitlinie dienen sollte. Dem Plan einer kombinierten
Eisenbahn- und Schiffsverbindung gab die Regierung schließlich den
Vorzug vor einem Straßenprojekt: »Die Eisenbahn«, so hieß es in einer
Denkschrift für das Innenministerium, »wird das mächtigste Instrument
für Entwicklung, wirtschaftlichen Fortschritt und Zivilisation sein.«
Im Jahr 1891 tat der schwedisch-norwegische Unionskönig Oscar II.
den ersten Spatenstich, 1896 eröffnete dann Staatsminister Francis

*Links: Am Rande des Berggebiets Huldreheimen liegt der See Espedalsvatnet inmitten
atemberaubender Natur. – Rechts: Der Leuchtturm am Kap Lindesnes stammt von 1915.*

Hagerup die insgesamt 78,4 Kilometer lange Setesdalsbahn von Kristianssand nach Byglandsfjord, von wo die Fahrt ins Setesdal mit dem Dampfschiff noch 34 Kilometer bis Ose weiterging. In den Sommermonaten befährt heute das historische Dampfschiff »D/S Bjoren« als Ausflugsschiff die einstige Hauptverkehrsstrecke von Byglandsfjord nach Ose am Nordufer des Sees. In umgekehrter Richtung wurden das aus dem waldreichen Setesdal otraabwärts und durch den See getriftete Holz und andere Waren in Byglandsfjord auf die Bahn verladen und via Grovane nach Kristiansand transportiert. Im Jahr 1962 musste der Betrieb der Setesdalsbahn als unrentabel eingestellt werden, aber heute verkehrt sie in den Sommermonaten wieder auf der fünf Kilometer langen Strecke von Grovane nach Beihølen als dampflokgezogener Museumszug.

An der Wiege des modernen Skisports

Telemark ist das Ursprungsland des modernen Skilaufs. Es erstreckt sich von der Skagerrakküste bis in die östliche Hardangervidda, Hauptstadt ist Skien. Die überwiegend bewaldete, stark zerteilte Mittelgebirgslandschaft erreicht mit 1881 Metern im mächtigen Gaustatoppen ihre höchste Erhebung, Lifjell und Blefjell sind die ausgeprägtesten Einzelgebirge. Norwegen ist das Ursprungsland des Skilaufens, das deutsche Wort »Ski« wurde direkt aus dem Norwegischen übernommen, wo es genauso ausgesprochen wird und ursprünglich »Scheit« bedeutete. Mit den 1879 erstmals veranstalteten Huseby-Wettkämpfen in Kristiania (Oslo) begann die Ära des modernen Skisports, der wesentlich geprägt wurde von Techniken aus Telemark. Die überragenden Stars der aus Langlauf und Sprunglauf bestehenden Huseby-Wettkämpfe waren die Brüder Mikkel und Torjus Hemmestveit aus Telemark. Mit dem »Telemarksprung« führten sie den bis heute als optimal geltenden Aufsprung beim Skispringen ein, der »Telemarkschwung« wurde – in Konkurrenz

Links: Schleusen lassen Schiffe vom Meer ins Gebirge »steigen« oder »absteigen«.
Rechts: Bei Hovden erstreckt sich die Setesdalheiene mit ihren Natursteinformationen.

zum »Kristianiaschwung« – der Standard für Richtungsänderungen in der Abfahrt oder eines Bogens zum Anhalten. Als Torjus Hemmestveit mit seiner Telemarktechnik im Jahr 1881 beim Skispringen eine Weite von 23 Metern erzielte, »stand die erstaunte Menge wie verhext: Es war wie eine Vision! Man schrie und rief, man schaute umher und lachte, man konnte das Geschehene kaum fassen. Ein Jubelruf ging zum Himmel, dass die Luft erzitterte und die alten Bäume um den Huseby-Hügel herum erbebten«, berichtete die Sportzeitung »Norsk Idræts-blad«.

Die Hemmestveit-Brüder ließen sich als hoch bezahlte Showstars in den USA nieder, wo sie den nordischen Skisport populär machten und den Namen »Telemark« in aller Munde brachten.

Die Bürstenfabrik Faller in Todtnau im Schwarzwald begann 1891 mit dem Import von Ski aus Norwegen, 1893 eröffnete Melchior Jakober in Glarus die erste Skifabrik Kontinentaleuropas. Der neue Trendsport – wer keine Ski hatte, benutzte in den Alpenländern Fassdauben und andere Bretter, um die Hänge hinabzurutschen – etablierte sich als wichtigste Wintersportart neben dem schon lang bekannten Schlitt-

schuhlaufen und wurde rasch alpinen Verhältnissen angepasst: Im Jahr 1896 veröffentlichte der Österreicher Matthias Zdarsky seine »Alpine Lilienfelder Skifahr-Technik« und begründete den »alpinen« Skisport, in den er 1899 den Slalom als Wettkampfdisziplin einführte. Langlauf und Skispringen hingegen blieben die charakteristischen Disziplinen des »nordischen« Skisports. Unterdessen waren wegen der größeren Schneesicherheit die populären Huseby-Wettkämpfe auf den Hügel Holmenkollen verlegt worden (1892). Die Holmenkollen-Woche avancierte zu einem der bedeutendsten nordischen Skiwettkämpfe, und die mehrfach erneuerte Holmenkollen-Schanze ermöglichte immer neue Rekorde: Erreichte Arne Ustvedt beim ersten Holmenkollen-Skispringen 21,5 Meter, durchbrachen Tom Levorstad (105,0 Meter) und Ole Bremseth (108,5 Meter) im Jahr 1980 die 100-Meter-Marke.

Nach der Jahrtausendwende genügte die alte Schanze nicht mehr den Anforderungen des modernen nordischen Skisports. 2008 begann man mit dem Abriss der ältesten Skisprungschanze der Welt und dem Neubau, auf dem 2011 die Weltmeisterschaften stattfanden.

2000 Jahre alte Ski

Dass das Skilaufen in Norwegen auf eine jahrtausendalte Tradition zurückblickt, belegt der älteste erhaltene Ski im Skimuseum an der Holmenkollen-Schanze: Er ist 2000 Jahre alt. Eine Felszeichnung auf der Insel Rødøy zeigt, dass spätestens um 3000 v. Chr. mit der Erfindung des Skis eine Grundform geschaffen wurde, die in ihren Grundzügen bis heute unverändert ist.

Die Skiläufer und Skiläuferinnen von Rødøy stehen beziehungsweise tanzen auf Gleithölzern mit gebogenem Ende und halten in einer Hand einen Stab. Wie andere Felsbilder belegen, wurden Ski bereits in der Jungsteinzeit auch bei der winterlichen Jagd verwendet.

Skifahren, Bergsteigen und Jagen hatten eine derartige Bedeutung, dass sie die Hauptattribute einer der wichtigsten vorgermanischen Göttinnen wurden: Die älteste namentlich bekannte Gestalt, die Ski fuhr, war die norwegische Göttin Skadi, die »nordische Diana«.

Stabkirche Heddal

Stabkirchen wurden in Skandinavien während der Übergangszeit vom Heiden- zum Christentum, also im Verlauf des 12. und 13. Jahrhunderts, in großer Zahl gebaut. Ihren Namen haben sie von der besonderen Holzbauweise aus senkrecht stehenden Balken. Diese Kirchen entstanden zur gleichen Zeit wie die großen gotischen Kathedralen, und dem Geschmack der Zeit folgend suchten die skandinavischen Baumeister einige der Bauprinzipien auf ihre Holzkonstruktionen zu übertragen.

Die größte erhaltene Stabkirche der Welt steht in Heddal in Telemark. Wegen ihres malerischen Aussehens mit dem dreifach gestaffelten Dach und den Türmen gilt sie als schönste Stabkirche und ist die meistbesuchte. Sie ist dreischiffig und wurde so rekonstruiert, dass der heutige Bau im Wesentlichen dem Zustand im Vollendungsjahr 1242 entspricht.

Links: Auch in Gol im Hallingdal steht ganz malerisch eine kleine weiße Kirche.
Rechts: Die größte Stabkirche der Welt findet man in Heddal in Telemark.

Vestlandet

Das Miteinander von Fjorden, Felswänden und vergletscher-
tem Hochgebirge, von durch den Golfstrom klimatisch begüns-
tigter Küste, fruchtbaren Tälern und einsamem Hochland
prägt den westnorwegischen Landesteil Vestlandet mit Land-
schaften von einzigartiger Schönheit. Im Vestlandet finden
sich die längsten Fjorde, die größten Gletscher und zahlreiche
Nationalparks, hier stehen die meisten Stabkirchen, mehrere
Welterbestätten stehen unter dem Schutz der UNESCO: die
Stabkirche von Urnes an einem Ausläufer des Sognefjords und
das Hanseviertel Bryggen in Bergen sowie der Geiranger- und
der Nærøyfjord. Weitere bekannte Naturhöhepunkte sind die
durch »Wasserfallsteige« erschlossenen höchsten Wasserfälle
Nordeuropas, der Lysefjord, der Gletschernationalpark Joste-
dalsbreen und der Nationalpark Folgefonna sowie die Umge-
bung von Norwegens Westkap Stad. Alle Landschaftsformen
finden sich auf engstem Raum bzw. gehen nahtlos ineinan-
der über: Die Felskanzel Prekestolen bricht in Wänden und
Überhängen 700 Meter senkrecht zum Lysefjord ab, am Ende
des Fjords durchsteigen Kletterer vom Meeresniveau aus die
1000 Meter hohe Felswand des Kjerag.

Oben: Blick vom Hausberg Aksla auf Ålesund. – Mitte: Entlang der rund
100 Kilometer des Gletschers begegnen einem immer wieder bizarre
Fels- und Eisformationen. – Unten: Der Plateaugletscher Jostedalsbreen ist
mit 480 Quadratkilometern der größte Gletscher Festlandeuropas, seit 1991
stehen er und seine Umgebung als Nationalpark unter Schutz. In alle
Himmelsrichtungen entsendet er mehr als 50 Gletscherarme.

Vestlandet

Fjorde und Gletscher
Lysefjord – Bergen – Hardanger und Romsdal

Die Fjorde sind Zeugen der Vergletsche-rungen im Pleistozän vor eineinhalb Millionen bis vor 10 000 Jahren. Ur-sprünglich waren sie Trogtäler, durch die Gletschererosion erfuhren sie eine Übertiefung von häufig mehr als 1000 Höhenmetern, so der Sognefjord, der heute eine Tiefe von 1308 Metern unter NN erreicht. Als nach dem Ab-

schmelzen des Eises der Meeresspiegel anstieg, »ertranken« die vom Eis ausgetieften Täler. Am Fuß einer imposanten Bergkulisse steht in den Wiesen des Lærdal, dem vom Sognefjord Richtung Fillefjell führenden Tal, die zwölfmastige Stabkirche von Borgund (um 1150) mit ihrem sechsstufigen Dach und den reich verzierten Portalen; sie ist ist die besterhaltene Stabkirche und der älteste nahezu unverändert erhaltene Holzbau Europas.

Stavanger
Die Hochtechnologie-Hafenstadt Stavanger am Boknafjord ist die Hauptstadt der Provinz Rogaland und die Erdölkapitale Norwegens. Der staatliche Ölkonzern Statoil und internationale Ölfirmen haben

hier ihren Sitz, der nah gelegene Flughafen von Sola ist die Drehscheibe für den Verkehr zu den Ölbohrinseln vor der Küste.

In keiner anderen Stadt Norwegens sind die Kontraste von Tradition und Moderne derart augenfällig wie in Stavanger. Wikingerschwertskulpturen markieren am Hafrsfjord die Stätte, an der König Harald Hårfagre um das Jahr 872 die norwegischen Teilreiche einigte. Der Dom, dessen Bau um das Jahr 1125 begonnen wurde, erhebt sich als besterhaltenes steinernes Sakralbauwerk Norwegens am See Breiavatnet. In der Altstadt Gamle Stavanger warten Holzhausarchitektur und Gaslaternen, Kopfsteinpflasterstraßen und ein Konservenmuseum auf den Besucher. Es dokumentiert einen wichtigen Wirtschaftszweig Stavangers im 19. Jahrhundert.

Am Hafenbecken Vågen erinnert das Norwegische Auswandererzentrum an die Zeiten, als Stavanger Drehscheibe für die Emigration Hunderttausender Norweger in die USA war, und das an der Schwelle zum drit-

Links: Die Kathedrale von Stavanger strahlt im Sonnenlicht. – Rechts: Der Aurlandsfjord ist ein Seitenarm des zum UNESCO-Welterbe zählenden Sognefjords.

ten Jahrtausend eröffnete Ölmuseum präsentiert anhand von Exponaten und Multimediashows die gefährliche Welt der Ölplattformen im Eko-fiskfelt, dem größten Industriezentrum in der Nordsee.

Ungeachtet seiner kommerziellen Orientierung ist keine andere große Stadt Norwegens von einem derart abwechslungsreichen natürlichen Umfeld umgeben wie Stavanger. An den Küsten des Boknafjords mit seinen sonnigen »Tomateninseln« erstreckt sich die Landschaft Ryfylke mit Wasserfällen und atemberaubenden Naturwundern, von denen der sagenumwobene Lysefjord mit der Felskanzel Prekestolen am bekann-testen ist; im Süden von Stavanger weitet sich die Agrarlandschaft Jæren mit Badesträndern, sanft gerundeten Aussichtsbergen und den steiner-nen Zeugen jahrtausendealter Kultur.

Saga-Insel Karmøy

Die Insel Karmøy am äußeren Boknafjord zwischen Stavanger und Haugesund zählt zu den bekanntesten Plätzen der in Norwegen spie-lenden Sagas, das Städtchen Avaldsnes im Norden der Insel war einer der

Altersruhesitze des rastlosen Reichssammler-Königs Harald Hårfagre. Heute ist Karmøy die dichtestbesiedelte Insel Norwegens, doch beschränken sich Bebauung und Straßen auf den Küstenbereich, wo die Städte Skudeneshavn, Kopervik und Åkrahamn liegen und sich die berühmten Sandstrände der Insel erstrecken: Mit rund 1000 Meter Länge ist Åkrasanden an der Westküste der größte. Das Innere
der Insel wird hingegen von einem urtümlichen Heidehochland mit Mooren und zahlreichen Seen eingenommen. Mehrere markierte Pfade führen durch dieses baumlose Hochland, das im Sålefjell in nur 132 Meter Höhe gipfelt und hervorragende Panoramen der Inselwelt des Boknafjords und der dahinter aufragenden Ryfylkeberge gewährt.

Als Saga-Insel und wikingischer Königssitz ist Karmøy auch ein Spielplatz für kleine und große Wikinger der Gegenwart. Alljährlich im Sommer ist die alte Königsresidenz von Harald Hårfagre in Avaldsnes Schauplatz eines Wikingerfestivals mit Aufführungen, Schaukämpfen, Umzügen und Gelagen unter freiem Himmel. Das rekonstruierte Langhaus von Bukkøy gewährt Einblick in den Alltag der Wikinger. Dass das Gebiet schon lange Zeit vor Harald Hårfagre kultisch genutzt wurde, belegen bei Avaldsnes die 6 bis zu 7,5 Meter hohen und bis zu 30 Meter langen eisenzeitlichen Hünengräber »Rehaugene« von Bø. Nur drei Kilometer von diesem Platz entfernt überspannt die 690 Meter lange Karmsundbrücke die verkehrsreichste Schiffsroute Norwegens; auf ihr ist Haugesund erreichbar, und am haugesundseitigen Ende findet sich eines der bedeutendsten Bautasteinmonumente Norwegens: »De fem dårlige Jomfruer«, die fünf törichten Jungfrauen, sind menhirartig aufragende Langsteine, die als Rest einer vorgeschichtlichen Kalenderwarte interpretiert werden.

Links: Das Ölmuseum von Stavanger zeigt Exponate zum Leben auf einer Ölplattform.
Rechts: Die Schwerter erinnern an die Schlacht von Hafrsfjord im Jahre 827.

Ebenso wie Molde ist die von der Offshore-Industrie geprägte Hafenstadt Haugesund alljährlich Schauplatz eines Jazzfestivals, des im August veranstalteten Silda Jazz Festival. Im August wird hier zudem das Norwegische Filmfestival veranstaltet, der dann vergebene Amandapreis gilt als Oscar des Nordens.

Kloster Utstein

An der Nordspitze der Insel Mosterøy im Boknafjord steht Norwegens besterhaltenes Kloster. Das um 1270 gegründete und mit Augustinern besetzte ehemalige Utstein-Kloster, das heute als Konferenz- und Seminarzentrum genutzt wird, ist von Stavanger aus in einem kurzen Abstecher von der Europastraße 39 zu erreichen: eine trotz aller späteren Veränderungen noch immer mittelalterlich wirkende Abtei am Meer mit einem traumhaften Panorama. Die Mönche zogen auf dieser klimatisch begünstigten Insel Tomaten und andere eher in südlicheren Gefilden beheimatete Früchte, und der Anbau verbreitete sich rasch auf die Nachbarinseln. Die auffälligsten Gebäude auf diesen »Tomateninseln« sind heute denn auch die Gewächshäuser. Zu besichtigen ist die Abtei Utstein weiterhin, sonntags werden außerdem evangelische Gottesdienste veranstaltet: Dazu erklingen in den alten Gemäuern Jazztöne, Folk- oder Kammermusik.

Geheimnisvoller Lysefjord

Der Lysefjord gehört zu den überwältigendsten Naturattraktionen Norwegens. Ob zu Fuß, auf dem Wasser oder kletternd – seine Faszination erschließt sich auf vielerlei Art, nur die automobile Fortbewegung ist wegen der Steilheit und Wildheit des Geländes stark eingeschränkt. Vier Stunden mindestens sind für die Hin- und Rückwanderung zum Prekestolen zu veranschlagen – jener spektakulären Felskanzel, die rund 600 senkrechte Meter über dem Fjord in den Himmel ragt.

Die fantastische Naturszenerie am Lysefjord war schon im 19. Jahrhundert wohlbekannt, und das keineswegs nur in Norwegen. Als einer der Ersten hat Victor Hugo in seinem 1866 erschienenen Roman »Die

Links: Der Lysefjord – Rechts: Stabkirche von Borgund

Arbeiter des Meeres« die »furchtbare« Schönheit dieses sagenumwobenen Fjords beschrieben: »Nirgendwo scheinen diese panischen Mächte kräftiger verschmolzen als in dem wunderlichen nordeuropäischen Sund, der Lysefjord heißt. Der Lysefjord ist der furchtbarste Klippendurchgang des Ozeans. Norwegische See, nicht weit vom rauen Stavanger-Golf, neunundfünfzigster Breitengrad. Das Wasser ist schwer und schwarz und wird von Unwettern durchfiebert. In diesem Wasser, inmitten dieser Einsamkeit, gibt es eine große, düstere Straße … Ein Korridor von zehn Meilen Länge zwischen zwei dreitausend Fuß hohen Mauern, das ist der Durchgang, der sich darbietet. Dieser Sund hat seine Krümmungen und Winkel wie alle Meeresstraßen, nie gerade, weil sie von der Drehung der Flut geschaffen sind.«

Bebendes Wasser, donnernder Fels

Die Felskanzel Prekestolen war zu Victor Hugos Zeiten noch unbekannt. Erst im Jahr 1901 wurde sie vom Deck eines Schiffs aus touristisch entdeckt. Neben dem Prekestolen hat sich in den vergangenen

Jahren das fast 1000 Meter senkrecht zum Fjord abstürzende Kjeragmassiv mit dem berühmten Kjeragbolten, einem Klemmblock, zur zweiten bergtouristischen Attraktion am Lysefjord entwickelt. Seit Eröffnung der serpentinenreichen Passstraße von Lysebotn ins Setesdal ist das Kjeragmassiv nicht mehr überwiegend eine Domäne für Kletterer, sondern von

der Passstraße aus auch von Wanderern im Rahmen einer vier- bis fünfstündigen Tour einschließlich Rückweg erreichbar und wird zudem von Sportlern aufgesucht, die hier in der Gefahr einen »Kick« suchen: Allein im Sommer des Jahres 1999 zerschellten innerhalb von fünf Wochen zwei junge Fallschirmspringer auf den Granitfelsen.

Anders als die Felskanzel Prekestolen scheinen die Wände des Kjerag am inneren Ende des »leuchtenden« Lysefjords schon zu Victor Hugos Zeiten bekannt gewesen zu sein: »Hin und wieder bebt das Wasser«, schreibt der Dichter und fährt fort: »In bestimmten Augenblicken, ohne dass eine Wolke am Himmel auszumachen wäre, etwa in der Mitte der lotrechten Felswand, auf tausend oder fünfzehnhundert Fuß über den Wogen, häufiger auf der Süd- als auf der Nordseite, donnert plötzlich der Fels, ein Blitz zuckt hervor, der Blitz schwingt sich vorwärts, zieht sich dann wieder zurück … Die Vogelschwärme fliehen. Nichts Geheimnisvolleres als diese Artillerie, die aus dem Unsichtbaren hervorbricht. Ein Fels greift den anderen an. Die Klippen bombardieren sich mit Blitzen.«

Das »Bombardement« lässt sich naturwissenschaftlich erklären als Steinschlag infolge von Frostsprengung und Erosion durch fließendes Wasser. Es kracht und knallt, und wenn Felsblöcke die Wand weiter unten treffen, können Funken kräftige Lichtschimmer in die Dunkelheit aussenden. Die hinabstürzenden Felsblöcke tauchen nach einem freien Fall von mehreren hundert Metern nicht mit einem Platschen in den Fjord ein, sondern mit einem scharfen, ohrenbetäubenden Knall, der an Artillerie-

Links: Der Preikestolen ist die wohl spektakulärste Felskanzel Norwegens. –
Rechts: Nur Schwindelfreie erreichen den Kjerag-Klemmblock über dem Lysefjord.

gefechte erinnert und von den Felswänden in einem vielstimmigen Echo wiederholt wird.

Bergen – Kulturstadt am Fuß der Berge

Bergen ist das Wirtschafts- und Kulturzentrum Westnorwegens und mit 260 000 Einwohnern die zweitgrößte Stadt des Landes nach Oslo; die »Bryggen« (Brücken), der historische Hansehafen am Naturhafen Vågen, stehen als Weltkulturerbe unter dem Schutz der UNESCO, der Marktplatz »Torget« am historischen Hansehafen ist der farbenprächtigste und berühmteste Fischmarkt Skandinaviens.

Der durch einen Inselgürtel vor der offenen See geschützte, von sieben Bergen überragte Platz am Byjord ist geradezu prädestiniert für die Anlage eines Hafens, doch die wenigen Landwege endeten schon an der Hardangervidda und am Hardangerjøkulen-Gletscher. Dementsprechend lag das Reich Bergens auf dem Wasser, über die Schiffsrouten stand Bergen in jahrhundertelangem wirtschaftlichem und kulturellem Austausch insbesondere mit Großbritannien und Deutschland, und bis zur Eröffnung der Eisenbahnlinie Oslo–Bergen 1909 war London von Bergen aus rascher erreichbar als Norwegens Hauptstadt.

Der aussichtsreiche Fløyen bietet einen spektakulären Tiefblick auf Bergen mit den umgebenden Schären, Inseln und Fjorden sowie den Gebirgen des Hinterlandes. Nur 150 Meter entfernt vom Fischmarkt und dem Hanseviertel Bryggen befindet sich die Talstation der Fløibahn, einer Standseilbahn, die im Sommerhalbjahr von morgens bis mitternachts in fünf Minuten zur 320 Meter hoch gelegenen Bergstation fährt. Am dortigen Panoramarestaurant strahlen Wanderwege aller Schwierigkeitsgrade zu den umliegenden Bergen aus. Der aussichtsreiche Ulriken ist der höchste der sieben Berge, die Stadthymne trägt den Untertitel »Aussichten vom Ulriken«, eine der ersten Fußwanderungen unternahm 1853 Theaterdirektor Henrik Ibsen.

Links: Der berüchtigte Bergener Nieselregen legt zum Glück auch Pausen ein.
Rechts: Vom Berg Fløyen aus hat man einen herrlichen Panoramablick auf Bergen.

Alljährlich im Frühjahr sind die sieben Berge Ende Mai Schauplatz einer harten Strong-Walking-Tour: Der Syvfjellsturen (Seven-Mountains-Walk) über die sieben Gipfel muss an einem einzigen Tag absolviert werden. Weniger gut konditionierte Wanderer veranschlagen allein für die Höhenwanderung vom Ulriken zum Fløyen vier Stunden, aber auch Spaziergänger kommen auf ihre Kosten: Von den beiden genannten Bergen führen aussichtsreiche Wege zurück in die Stadt.

Um das Jahr 1070 gründete der wikingische Ynglinge-König Olav III. Kyrre an der Siedlung Bjørgvin (»Bergweide«) eine Handelsstadt und verlegte dann wenig später den Vestland-Bischofssitz hierher; unter dem alten Namen Bjørgvin besteht das (evangelisch-lutherische) Bistum bis heute. Olav III. wurde Kyrre (»der Stille«) genannt, weil während seiner Herrschaft nicht Schlachtenlärm vorherrschte, sondern »stiller« Frieden dem Land Segen und Wohlstand brachte.

In Olav Kyrres Saga heißt es: »In König Olavs Zeiten wuchsen stark die Handelsstädte in Norwegen, und einige wurden damals gegründet. König Olav gründete die Handelsstadt Bjørgvin. Dort ließen sich bald

viele reiche Leute nieder, und Kaufleute aus anderen Ländern segelten dorthin.«

Die neue Stadt wurde rasch Drehscheibe des Handels mit den Britischen Inseln, den Orkney- und Shetlandinseln, den Färöern und Island. Unter Håkon IV., dem Alten, löste Bergen im Jahr 1217 Trondheim als Residenzstadt Norwegens ab. Die hochmittelalterliche Hauptstadt wies neben der steinernen Kathedrale 20 Kirchen und Kapellen und fünf Klöster auf sowie als königliche Residenz die Festung Bergenhus, deren Prunkstück die gotische Håkonshalle ist. Im Jahr 1261 wurde diese heute als Museum und Konzertsaal genutzte Festhalle mit der Hochzeit des Kronprinzen Magnus VI. Lagabøter und der dänischen Prinzessin Ingeborg eingeweiht. Seinen Beinamen verdankt Magnus, der »Gesetzesverbesserer«, seiner großen Rechtsreform. Mehr als 1000 Gäste nahmen an der dreitägigen Feier teil. Vom regen Leben in der mittelalterlichen Stadt zeugen mehr als 500 Runeninschriften des 13. und 14. Jahrhunderts: Liebesbriefe, Lieferscheine und Zauberformeln, Warenetiketten, Rechnungen und Gebete.

Das Spätmittelalter sah Bergen als nördlichstes Zentrum der Hanse. Durch die Gewährung von Handelsprivilegien an diesen deutschen Kaufmannsverbund stieß König Håkon IV. eine Entwicklung an, die zur Abkopplung Bergens von Norwegen führte. 1299 wurde Oslo anstelle Bergens norwegische Hauptstadt, und die von Deutschen dominierte Hanse avancierte in Bergen zur alleinigen Wirtschafts- und Ordnungsmacht – eine Tendenz, die sich nach dem  Aussterben der Ynglinge-Dynastie (1319) verstärkte.

Im Jahr 1343 wird das Hansekontor in Bergen erstmals erwähnt. Das aus hansischer Sicht wichtigste Produkt der norwegischen Westküste war der Schellfisch (Dorsch). Er wurde in Bergen getrocknet und von der Hanse als »Bergerfisch« fast überall in Europa vermarktet. Die Fischkonservierung hatte wiederum eine große Nachfrage nach Salz zur Folge, und dieses Salz wurde von der Hanse ebenso nach Bergen geliefert wie Getreide, Wein und Bier, während aus Bergen außer Fischprodukten norwegische Textilien, Schwerter, Panzer und andere Rüstungsgüter sowie generell Erzeugnisse der Metallverarbeitung exportiert wurden.

Um 1400 gab es in Bergen circa 300 von Deutschen bewohnte Häuser. Die Hanse kontrollierte den gesamten Handel an der Westküste. Das Viertel Tyskebryggen (deutsche Brücken) war militärisch befestigt.

Im Jahr 1559 schränkte der dänische Statthalter in Norwegen Erik Rosenkrantz die Privilegien der Hanse in Bergen drastisch ein. Um zu demonstrieren, wer nun die Macht in Bergen ausübte, ließ er die Festung Bergenhus zu einem Renaissanceschloss umbauen und erweitern und den Wehr- und Gefängnisturm Rosenkrantzårnet errichten.

Nach der Brandkatastrophe im Jahr 1702 lag das Deutschenviertel Tyskebryggen in Schutt und Asche. Der wieder aufgebaute Finnegård direkt am Torget beherbergt heute das Hanseatisk Museum, das seinen Besuchern mit einer Fülle an Exponaten die Hansezeit vor Augen führt.

Links: Dem Dichter Ludvig Holberg hat Bergen ein Denkmal gesetzt. –
Rechts: Auch an die tapferen Seemänner der Stadt wird erinnert.

Künstler in Bergen

Zu den berühmtesten Söhnen Bergens zählen der Violinist Ole Bull (1810–80) und der Komponist Edvard Grieg (1843–1907). Auf diese beiden Musiker geht die Tradition Bergens als Festspielstadt zurück. Durch Tourneen in Festlandeuropa und Amerika steinreich geworden, gründete Ole Bull, »der Paganini des Nordens«, im Jahr 1850 in Bergen Den Nationale Scene, das erste bedeutende Theater Norwegens. Als Theaterdichter und Dramaturg wurde 1851 Henrik Ibsen verpflichtet, der die Jahre in Bergen als seine »Lehrjahre« empfand. Mit »Das Fest auf Solhaug«, uraufgeführt am 2. Januar 1856 an Den Nationale Scene, gelang Ibsen der Durchbruch als Bühnenautor.

Als Ibsen im Sommer 1857 die Leitung des Christiania-Theaters übernahm, wurde Bjørnstjerne Bjørnson die prägende Gestalt des Bergenser Nationaltheaters, das unter seiner Leitung eine Blütezeit erlebte. 1909 wurde das Nationaltheater im Beisein des Königs im neuen Gebäude feierlich eröffnet. Die unter der Schirmherrschaft des Königs stehenden Internationale Festspillene i Bergen erlebten 2000 einen Besucherzustrom wie nie zuvor.

Hardanger – Kirschblüten, Fjorde, Vidda

Die abwechslungsreiche Großlandschaft Hardanger erstreckt sich vom 120 Kilometer langen Hardangerfjord bis zum Nationalpark Hardangervidda auf der von 20 000 Rentieren belebten größten Hochfläche Europas, von der sonnigen Folgefonn-Halbinsel mit dem drittgrößten Gletscher Skandinaviens bis zum Hardangerjøkulen-Gletscher, wo Finse an der Bergenbahn als »Hauptstadt des Schnees« das bedeutendste Wintersportzentrum bildet, von der heiligen Insel Tysnesøya bis zur Stabkirche von Røldal, von den Obstbaumkulturen an den sonnigen Ufern des Fjords bis zur ungebändigten Gewalt des Låtefossen, Valurfossen, Skyggjedalsfossen und anderer Wasserfälle.

Links: Wer sehen möchte, wie Edvard Grieg lebte, geht ins Landhaus Troldhaugen.
Rechts: Der Kaufmannshof »Finnegård« in Bergen beherbergt das Hanseatisk Museum.

Der Sørfjord als östlichster Ausläufer des Hardangerfjords trennt die Hardangervidda, eines der bedeutendsten Trekking- und Wandergebiete Norwegens, von der vergletscherten Folgefonn-Halbinsel, die einen Reichtum an landschaftlichen Kontrasten vereinigt wie kaum ein anderes Gebiet: Fjell, Gletscher und Meer, Kare und fruchtbare Täler mit artenreichen Laubwäldern, Bergbäche und Flüsse mit reichen Forellen- und Lachsbeständen. Die Parkanlagen beim Renaissanceschloss der Rosendal Baronie verdeutlichen, welch gesegnetes Sonnenklima im Westen der Halbinsel herrscht. Als Wander-, Skitouren-, Gletscherwander-, Bade-, Sonnenbade-, Mountainbiking- und Angelparadies bietet die Folgefonn-Halbinsel nahezu ganzjährig fast unbeschränkte Möglichkeiten. Besiedelt ist dieses wunderschöne Gebiet seit der letzten Eiszeit, die vor etwa 10 000 Jahren endete. Überaus zahlreich sind Felszeichnungen, Grabhügel und andere vorgeschichtliche Spuren vor allem seit der Bronzezeit. Ab den 1850er-Jahren wurden die Folgefonna und ihre malerischen Gletscherfälle von britischen und deutschen Touristen entdeckt, die sich von Odda aus von Gletscherführern über das Eis brin-

gen ließen. Einen bedeutenden Aufschwung nahm dieser Tourismus vor circa 100 Jahren infolge der plakativen »Nordlandfahrten« des deutschen Kaisers Wilhelm II., über die in der Presse ausführlich berichtet wurde. In den 1890er-Jahren stellte der Deutsche Nordlandverein (Hamburg) die Geldmittel bereit, um einen Reitweg vom Tal der Bondhuselva zur Breidablikk genannten Aussichtsstelle am Fuß einer Gletscherzunge im Nordwesten der Folgefonna anlegen zu lassen; dieser Weg existiert unter dem Namen »Keiservegen« (Kaiserweg) bis heute und ermöglicht einen der landschaftlich beeindruckendsten Aufstiege zur Folgefonna. Dank der Hochlage des Eisfelds bietet sich ein einzigartiges Panorama, das die Hardangervidda mit dem markanten Hårteigen im Osten ebenso umfasst wie Hallingskarvet und Hardangerjøkulen im Nordosten sowie die vielgestaltige Inselwelt im Westen. Am Nordrand des Gletschers liegt auf dem Gebiet der Gemeinde Jondal das Folgefonna-Sommerskizentrum. Die zu gut einem Drittel als Nationalpark unter Schutz stehende Hardangervidda ist mit mehr als 9000 Quadratkilometern die größte Hochfläche Europas und eines der attraktivsten Trekking- und Wandergebiete

Norwegens. Mit einem Rentierbestand von 20 000 Tieren ist sie zugleich ein bedeutendes Jagdrevier. Sie erhebt sich auf der Grenze von West- und Ostnorwegen und erstreckt sich vom Hardangerfjordsystem bis zur Telemark, was ihren landschaftlichen Abwechslungsreichtum erklärt: Im Westen stürzt sie in

einer fast 1000 Meter hohen, von Wasserfällen durchtosten Steilstufe zum Sørfjord hinab, nach Osten hingegen dacht sie vergleichsweise sanft in die Täler des Østlandet ab. Höchster Gipfel ist die restvergletscherte Sandfloeggi (1719 Meter), bekanntester Berg ist der sagenumwobene Felskoloss Hårteigen (1690 Meter), der »graue Wegweiser« der Vidda. Die Bezeichnung »vidda« verweist auf ein Plateau mit Mooren, Seen, Heidevegetation und glazial gerundeten Kuppen. Dies trifft vor allem für den von fruchtbaren Tälern durchzogenen Mittel- und Ostteil zu. Im Südwesten hingegen, wo sich zwischen restvergletscherten Bergen die höchsten Gipfel erheben, ist das Gelände wild zerklüftet. Den Nationalpark säumen Stauseen und Kraftwerke, der Energiegewinnung fielen einige der schönsten Almtäler zum Opfer, so bei Røldal das Valldal, dessen grüne Fluren und prachtvollen Höfe in einem Stausee versanken. Einige der Stauseen dienen heute als Schiffsrouten, auf denen Taxiboote und Ausflugsdampfer die Anmarschwege zum Nationalpark verkürzen, so im Norden der Stausee Halnefjorden und im Südosten der Stausee Møsvatn.

Wer die Grenzen des Nationalparks auf dem Netz gut markierter Routen überschreitet und zu einer der bewirtschafteten oder Selbstversorgungshütten wandert, tritt ein in ein Paradies mit reichem Pflanzen- und Vogelleben. Wegen der Hochlage der Hardangervidda halten sich hier allerdings bis weit in den kalendarischen Sommer hinein Eis und Schnee: Während am Sørfjord am sonnigen Westfuß der Vidda Ende Mai die Obstblüte beginnt, sind die Routen oben auf der Vidda noch unpassierbar. Bis in den Juni und gebietsweise bis in den Juli sorgt die gefährliche

Links: Am Hardangerfjord gibt es herrliche Häuser inmitten prächtiger Natur.
Rechts: Der Laatefossen ist einer der größten Wasserfälle Norwegens.

Schneeschmelze dafür, dass kaum ein Mensch die Vidda durchstreift. Dann ist die Vidda das Reich der Rentiere und der Polarfüchse und des sich langsam entfaltenden Pflanzenlebens.

Die Rentiere auf der Hardangervidda wurden erst 1783 ausgewildert. Bis in die 1920er-Jahre hatten die Jäger den Bestand derart dezimiert, dass sich die Behören 1930 veranlasst sahen, ein neues Jagdgesetz zu erlassen, das Rentierruhezonen auswies. Seither hat sich der Rentierstamm auf der Vidda stetig vermehrt. Der 1930 unter Schutz gestellte Polarfuchs zählt trotz Abschussverbot weiterhin zu den vom Aussterben bedrohten Tierarten auf der Hardangervidda, wo er als rein weißer Weißfuchs und als blaugrauer Blaufuchs auftritt.

Von den zahlreichen Pflanzenoasen der Hardangervidda ist Litlos mit der gleichnamigen Bergherberge die bekannteste. Das nach einer siebenstündigen Bergwanderung erreichbare Litlos ist zugleich Zwischenstation der Wanderung zum Hårteigen, der berühmten »Sphinx der Hardangervidda«.

Der sagenumwobene Hårteigen ist der markanteste Berggipfel der Hardangervidda. Wandartig steil erhebt sich der graue Granitkoloss auf der westlichen Vidda, die umgebende Hochfläche um mehrere hundert Meter überragend. Von allen Himmelsrichtungen führen Pfade zu diesem »grauen Wegweiser«, der auf großen Teilen der Vidda sichtbar ist.

Storfjord und Geiranger

Die Namen Geiranger und Storfjord wecken je nach Interesse Vorstellungen von Kreuzfahrtschiffen und Wohnmobilschlangen oder von stillen Bergfahrten in einer grandiosen Urnatur. Der Geirangerfjord mit seinen berühmten Wasserfällen zieht von Frühjahr bis Herbst Zehntausende an. Die »Adlerstraße« Ørneveien zwischen dem Geirangerfjord und dem weiter nördlich gelegenen Norddalsfjord gilt mit ihren Serpentinen und Panoramen als eine der atemberaubendsten Bergstraßen

Links: Ein junger Polarfuchs im dunkleren Sommerfell streift durch die Wildnis.
Rechts: Ein Drachenbooten nachempfundenes »Wikingerboot« quert den Fjord.

Skandinaviens. Abseits dieser Touristenmagneten liegt eines der prachtvollsten Bergwandergebiete des Nordens.

Im Sommer werden täglich Schiffsrundfahrten auf dem Geirangerfjord angeboten, doch lässt sich die Großartigkeit dieser Landschaft auch an mehreren Punkten erleben, die alle im Rahmen mehr oder weniger kurzer Ausflüge von den Straßen aus erreichbar sind. Der bekannteste dieser Plätze ist das Flydalshornet, 1112 senkrechte Meter über dem Fjord. Dort entstehen die berühmten Geirangerfjord-Schwebefotos, ein in der Touristikwerbung häufig benutzes Motiv. Auf einem berühmten Mautweg, dem Nibbeveien, ist die 1476 Meter hohe Dalsnibba wenige Kilometer weiter südlich erreichbar – einer der hervorragenden Panoramaberge der Westküste. Ähnlich spektakulär wie das Flydalshornet ist die in einer 500-Meter-Wand zum Lysefjord abbrechende Felskanzel Prekestolen westlich von Geiranger; wer von der Kanzel ein Stück weitergeht, sieht sich vis-à-vis der »Sieben Schwestern«, dem berühmtesten Wasserfall am Geirangerfjord. Eine andere Wasserfallattraktion liegt 45 Gehminuten östlich von Geiranger: Am 30 Meter hohen Storseter-

fossen im Vesteråsdalen kann man hinter den tosenden Wassermassen hindurchgehen.

Wer Zeit und Lust für weiterführende Touren abseits der Straßen mitbringt, findet in den Sunnmørsalpen westlich des Geirangergebiets ein Paradies. Der Hjørundfjord, ein Arm des Storfjords, schneidet tief in dieses alpine Berggebiet ein und teilt es in zwei Halbinseln: im Osten die Rånahalvøya mit restvergletscherten Gipfeln von bis zu über 1630 Meter Höhe, im Westen die Kolåshalvøya mit dem 1542 Meter hohen Skårasalen als höchster Erhebung. Das Tal Hornindalen und der See Hornindalsvatnet – mit 604 Meter Tiefe Europas tiefster Binnensee – markieren im Süden die Grenze zum Binnenland.

Der Romsdalsfjord und seine Felsen

Die Landschaft Romsdal umfasst die Küsten, Inseln und Fjorde sowie die als »Romsdalsalpen« bezeichneten Bergwander- und Klettergebiete im Zentrum der Provinz Møre og Romsdal. Hauptort ist die Rosenstadt Molde mit dem 222-Gipfel-Panorama Varden am Moldefjord und dem

Romsdalsmuseum, einem der größten Freilicht-
museen Norwegens. Bekannteste Landmarke
des Berggebiets über dem namengebenden
Tal ist die Gipfelgruppe Trolltindane mit der
1000 Meter hohen Felswand Trollveggen
bei der Hafenstadt Åndalsnes. Die nationale
Ferienstraße Geiranger-Trollstigen, die bei Åndalsnes das
Romsdalen verlässt und sich in Serpentinen bis auf 870 Meter hinauf-
schraubt, zählt zu den berühmtesten Passstraßen Skandinaviens. An der
offenen Seestrecke Hustadvika – einer der gefürchtetsten Schiffspassagen
Europas – verläuft die spektakuläre Küstenstraße Atlanterhavsvegen.
Benannt ist die Landschaft nach dem Fluss Rauma, der im See Lesjaskogsvatnet zwischen den Nationalparks Dovrefjell und Reinheimen
entspringt, in der Hafenstadt Åndalsnes in den Romsdalsfjord mündet
und sich als »ertrunkenes Tal« unter Wasser fortsetzt, ehe er sich nahe
der Insel Tautra mit dem Moldefjord vereinigt. Die Europastraße 136
und die Raumabahn führen durch das beeindruckende Tal, ein Wahrzeichen ist die 59 Meter hohe Eisenbahnbrücke Kylling bro beim Verma-
Wendetunnel nahe des Wasserfalls Slettafossen.

Eikesdalen

Das Eikesdalen durchschneidet auf rund 44 Kilometer Länge die Berge
zwischen Romsdalen und Sunndalen und endet am Stausee Aursjøen.
Früher war der obere Mardalsfossen im Eikesdalen mit einer Fallhöhe
von 297 Metern der höchste Wasserfall Europas; er setzte sich im unteren Mardalsfossen mit einer Fallhöhe von 220 Metern fort. Während der Schneeschmelze und nach starken Regengüssen erweckte es
regelmäßig den Anschein, als toste hier ein einziger Wasserfall mehr als
500 Meter durch die Bergflanke. Doch seit dem Bau einer Staumauer
ist diese Naturgewalt nur noch in der Sommerhauptsaison zu erleben.
Der Aursjøvegen zählt zu den spektakulärsten Bergstraßen Norwegens. Vom Sunndalsfjord führt die 121 Kilometer lange Rundstrecke

Links: Der Geirangerfjord ist immer wieder Ziel von Kreuzfahrtschiffen aus aller Welt.
Rechts: Wilde Rentiere fühlen sich in der rauen Natur Norwegens pudelwohl.

hinauf zum Pass am Stausee Aursjøen am Rande des Nationalparks Dovrefjell-Sunndalsfjella und senkt sich dann zum See Eikesdalsvatnet mit seinem Wasserfall Mardalsfossen, ehe sie am Eresfjord wieder die Fjordwelt von Nordmøres erreicht.

Die Berge beidseits des Eikesdalen ragen bis zu 1800 Meter in den Himmel, »manche sind weiß, manche sind blau, mit zerklüfteten, aufregenden Gipfeln«. Mit diesen Worten schilderte sie der norwegische Literaturnobelpreisträger Bjørnstjerne Bjørnson, der ganz in der Nähe am Eresfjord seine Kindheit erlebte.

Der Pfarrerssohn Bjørnson wuchs bei Nesset auf einem Pfarrhof auf, der als einer der landschaftlich am schönsten gelegenen in ganz Norwegen gilt. Als Fünfjähriger kam er hierher und lernte das harte und entbehrungsreiche Bauernleben kennen, das für seine Novellen prägend wurde. Die Kinder des Pfarrhofknechts wurden zu seinen Spielkameraden, und weil dem Vater ein Hauslehrer zu teuer war, besuchte Bjørnson gemeinsam mit den anderen Kindern des Sprengels die Dorfschule.

»Frühzeitig, allzu früh, machte ich Bekanntschaft mit allen möglichen Verhältnissen«, schrieb er rückblickend über seine Jahre am Romsdalsfjord: »Meine Naivität beruhte darauf, dass ich von allen gut dachte. Ein Botenjunge stahl, aber ich glaubte an ihn und hatte ihn gern. Und die Mädchen, die Kinder bekamen – ja, ich hatte sie gern, ich kannte sie ja so gut – ihre Tüchtigkeit, ihre Hoffnungen im Leben.«

Molde

Die Hafenstadt Molde ist die Hauptstadt des Fylke Møre og Romsdal und mit 23 000 Einwohnern die größte Stadt am Romsdalsfjord. Die geschützte Lage am Nordrand des Fjords und der warme Golfstrom schaffen hier ein Klima, das selbst wärmeliebenden Laubholzarten wie

Links: Wie auf der Flucht verlassen wirken die Fischerboote bei Geiranger. – Rechts: Der Dalsnibba (1476 Meter) bietet einen fantastischen Blick auf die Bergwelt von Sunmøre.

Linde, Esche, Ahorn und Blutbuche das Überleben erlaubt. Dieser für 62 Grad nördlicher Breite erstaunliche Artenreichtum hat Molde den Namen »rosenes by« eingetragen. Neben dem erfolgreichen Jazzfestival hat sich in den letzten Jahren auch das Anfang Juli veranstaltete Bjørnson-Festival etabliert: ein Literaturfestival mit Autorenlesungen, Theateraufführungen und Konzerten.

Wer Molde besucht, sollte auf zwei Ausflüge nicht verzichten. Der erste führt auf den 407 Meter hohen Varden, der ein grandioses Panorama der Stadt, des Romsdalsfjords und seiner Arme sowie der Gipfel der bis weit in den Sommer hinein von Schnee bedeckten Sunnmørsalpen gewährt. Das zweite Ausflugsziel liegt weiter nördlich: Es ist die Trollkirche, eine Gruppe aus drei von Bächen durchflossenen Kalkgrotten, in denen aus 14 Meter Höhe Wasserfälle in weiße Marmorbecken rauschen.

Alpine Gipfelwelten in Sunnmøre

Die Region Sunnmøre im äußersten Westen ist ein landschaftlich großartiges Insel-, Fjord-, Bergwander- und Klettergebiet. Der Geiran-

gerfjord steht als Weltkulturerbe unter dem Schutz der UNESCO, die nationale Ferienstraße Geiranger-Trollstigen ist die berühmteste Passstraße Skandinaviens mit Ausgangspunkten zu Wanderungen in das alpine Berggebiet Tafjordfjella, das den westlichen Teil des Nationalparks Reinheimen bildet und zu den meistbesuchten Outdoor-Gebieten Norwegens gehört, während Ornithologen weltweit von der Papageitaucher-Insel Runde im Sørøyane-Archipel schwärmen. Die Gipfel der Sunnmørsalpen steigen bis zu 1700 Meter über den Fjorden auf, winters wie sommers zählen insbesondere die halbinselartigen Bergregionen zu beiden Seiten des Hjørundfjords zu beliebten Wanderzielen. Der Slogen in den Sunnmørsalpen ist einer der beliebtesten Gipfel Norwegens.

In pyramidaler Dreiecksform ragt er fast senkrecht 1564 Meter aus dem Norangsfjord auf, an dessen Ende sich das hochpreisige Basislager »Hotel Union Øye« befindet. Kaiser Wilhelm II., Königin Beatrix, Arthur Conan Doyle, Tania Blixen, König Haakon VII., Königin Maud und viele andere sind seit dem Jahr 1881 in dieser Perle unter den norwegischen Berghotels abgestiegen.

Die Hauptstadt von Sunnmøre ist die Jugendstilstadt Ålesund, deren Hausberg Aksla wegen der bequemen Straßenzufahrt als der wohl meistbesuchte Panoramaberg Mittelnorwegens bezeichnet werden kann. Auf der Aksla erhebt sich eine Bronzestatue des Schriftstellers Kristofer Randers (1851–1917), der den Charakter Sunnmøres als eine Vereinigung der spektakulären Nordland-Küstenlandschaft mit den Gipfeln des Nationalparks Jotunheimen verglich: »Sunnmøre ist ein nach Süden verlegtes Nordland und ein Jotunheimen, das auf seinen Wellen schwimmt.«

Ålesund

Die attraktive Jugendstilstadt Ålesund ist der Hauptort der Region Sunnmøre und einer der größten Klippfisch-Exporthäfen der Erde. Die Hurtigrutenschiffe laufen den Hafen im Sommer auf der nordgehenden Route zweimal an, da sie von Ålesund aus den Abstecher in den Geirangerfjord unternehmen. Im Jahr 1904 fielen bei einer Brandkatastrophe 800 Holzhäuser den Flammen zum Opfer, 12 000 Menschen wurden obdachlos. Ålesund wurde mit internationaler Unterstützung im alten Stil, aber in Stein wieder aufgebaut. An die Soforthilfe aus Deutschland erinnern der Straßenname »Keiser Wilhelmsgate« und ein sieben Meter hohes Reliefbildnis Wilhelms II. im Stadtpark, der aus seinem Privatvermögen vier Schiffe mit Medikamenten, Kleidung, Nahrungsmitteln und Materialien zum Wiederaufbau schickte und diese Schiffe zudem als Notunterkünfte für Obdachlose zur Verfügung stellte.

Die Aksla ist, wie gesagt, der Hausberg der Jugendstilstadt Ålesund und einer der bekanntesten Aussichtsberge Norwegens. Er bietet ein exzellentes Panorama der auf mehreren Inseln errichteten Stadt sowie der bis weit in den kalendarischen Sommer hinein schneebeckten Sunnmørsalpen, die über 1000 Meter aus Vartdals- und Hjørundfjord aufragen.

Links: Blick vom Aussichtspunkt Varden. – Rechts: Der Mardalsfossen, einer der höchsten Wasserfälle Europas, wird für die Energiegewinnung genutzt.

Trøndelag

Die mittelnorwegische Landschaft Trøndelag gilt seit den Wikingerzeiten als historischer, kultureller und religiöser Mittelpunkt des Landes. Von den Hochebenen und Gletschern des Nationalparks Dovrefjell-Sunndalsfjella und den Gipfeln von Trollheimen erstreckt sich dieses norwegische »Urland« bis zum Børgefjell-Nationalpark an der Grenze zu Schwedisch-Lappland, von den Wildnis-Nationalparks Lierne, Skarvan und Forollhogna bis zu den alpin aus dem Nordmeer aufragenden Felsküsten und Inseln, von denen der Trondheimsfjord als drittlängster Fjord Norwegens 130 Kilometer ins Landesinnere hineingreift. Seit dem Mittelalter reisen die norwegischen Könige zur Krönung in die Kathedrale von Trondheim, zu der auch Pilgerwege aus ganz Norwegen und Schweden führen. Die Dom- und Universitätsstadt Trondheim am südlichen Trondheimsfjord ist Hauptstadt der Provinz Sør-Trøndelag. Im Grenzgebiet zu Schweden liegt die UNESCO-Welterbestätte Røros. Steinkjer am inneren Trondheimsfjord ist die Hauptstadt der Provinz Nord-Trøndelag, die sich bis an die Grenzen des Nordlands erstreckt.

Oben: In Røros wurden die meisten der Holzhäuser direkt auf Pfählen ins Wasser gebaut. – Mitte: Die Brücke Gamle Bybro überspannt mit ihren feuerroten hölzernen Toren aus dem Jahr 1861 den Fluss Nidelva. – Unten: Details an der Fassade zeugen vom gotischen Ursprung des Doms.

Trøndelag

Norwegens Kernland
Trondheim – Dovrefjell – Fokstumyra-Moor

*Den Kern der Landschaft Trøn-
delag bildet der Trondheimsfjord.
Der land- und forstwirtschaftlich
genutzten Küsten- und Fjordre-
gion stehen im Binnenland ausge-
dehnte Moor-, Hochflächen- und
Fjellgebiete gegenüber.*

Krönungsstadt Trondheim

Die Universitätsstadt Trondheim ist mit 175 000 Einwohnern die drittgrößte Stadt Norwegens nach Oslo und Bergen. Die Krönungsstadt der
norwegischen Könige liegt vor der imposanten Kulisse von mehr als
80 bis weit in den kalendarischen Sommer hinein schneebedeckten Bergen an der Mündung der Nidelva in den Trondheimsfjord. Im Jahr 997
gründete Olav I. Tryggvason auf der trapezförmigen Halbinsel zwischen
Fjord und Fluss den Königshof Nidarnes und ließ hier eine christliche
Kirche als Missionszentrum errichten.
Der Nidarosdom ist Ziel und Ausgangspunkt der Pilgerwege in Norwegen und Schweden. Berühmt geworden ist das Foto von Kronprinz
Haakon als Pilger mit Stab, Rucksack und Isomatte auf dem Wanderweg
über der Altstadt von Trondheim.

Die Altstadt-Wanderung »Trondheim Byvandring« ist derart populär, dass sich viele der Besucher einen Wanderpass mit Wanderstempel ausstellen lassen und andere norwegische Städte inzwischen ebenfalls »Byvandring« anbieten: Wandern in der Stadt.

Das heutige Stadtbild ist im Wesentlichen eine Schöpfung des Barock, damals hieß die Stadt Dronthjem. Nach dem Brand im Jahr 1681 ließ der in dänischen Diensten stehende luxemburgische General und Baumeister Johan Caspar de Cicignon zwei Hauptachsen (Munkegata und Kongensgate) mit einem rechtwinkligen Straßengitter anlegen. Die Munkegata verläuft in nördlicher Richtung vom Nidarosdom beziehungsweise dem Erzbischofshof zum Fjord, die Kongensgate führt in westöstlicher Richtung quer durch die von der Nidelva umflossene Halbinsel. An der Kreuzung der Straßen entstand der rechtwinklige Marktplatz. Gleichzeitig wuchs die Stadt ostwärts über die Nidelva hinaus, wo Cicignon die Festung Kristiansen errichten ließ.

Links: Fröhliches Treiben in Trondheim. – Rechts: Fischerhütten – sogenannte Rorbuer – findet man überall entlang der Küste und auf den Inseln, hier bei Kristiansund.

Ab dem 17. Jahrhundert erfuhr Dronthjem einen wirtschaftlichen Aufschwung durch die Aktivitäten verschiedener Handelshäuser, die wie die »Flensburger« meist dänisch waren. Als Dänemark ein Handelsverbot für Schotten, Engländer und andere Ausländer erließ, nahmen viele von ihnen die dänische Staatsbürgerschaft an und blieben in Dronthjem wohnen. Der bekannteste Bau dieser Zeit ist der Stiftsgården am Marktplatz, 1770 errichtet für die dänische Geheimrätin Cecilie Schöller. Dieses bezaubernde Rokokopalais, einer der größten erhaltenen Holzbauten Norwegens, kann im Rahmen von Führungen besichtigt werden und dient der königlichen Familie bei Aufenthalten in Trondheim als Unterkunft. Ähnlich wie in Oslo stehen die Häuser mit der Langseite zur Straße, Giebelstellung herrscht hingegen am Hafen vor, wo die Häuser teilweise auf Pfählen in den Fluss hinausragen.

Wahrzeichen von Trondheim ist der über dem Grab Olavs des Heiligen in romanischer und gotischer Zeit errichtete Nidarosdom; er ist der repräsentativste und größte mittelalterliche Steinbau Skandinaviens und die Krönungskirche der norwegischen Könige. Am Hochaltar befand sich der silberne Sarkophag des heiligen Olav, an dem sich viele Wunder ereignet haben sollen, was den Nidarosdom zu einem der bedeutendsten Wallfahrtsziele und Wirtschaftsstandorte Nordeuropas werden ließ. 1869 begann eine aufwendige Restauration und Rekonstruktion des gewaltigen Bauwerks, das als »Nationalheiligtum« Norwegens gilt.

Königskrönungen sind ein kostspieliges Spektakel, und das norwegische Storting nutzte den Faktor Geld, um dem schwedischen Unionskönig 1873 gegen Finanzierung der Krönung einen eigenen Staatsminister (Regierungschef) abzutrotzen. Am 18. Juli 1873 wurde Oscar II. in Trondheim zum König von Norwegen gekrönt, das Storting hatte die Kosten der Krönung bewilligt. Im Gegenzug schaffte Oscar den Posten des schwedischen Statthalters in Norwegen ab, Frederik Stang wurde

Links: Die Türme des Nidarosdoms spitzen aus dem vollen Blätterdach. – Rechts: Der Dom war die Krönungskirche der norwegischen Könige und eine majestätische Kulisse.

der erste norwegische Staatsminister. Es war ein bedeutender Fortschritt in der norwegischen Demokratie. Nach der Auflösung der Union mit Schweden fand im Nidarosdom am 22. Juni 1906 die Krönung König Haakons VII. und seiner Frau Maud statt.

Zu den brisantesten innenpolitischen Streitthemen zählte nach der Unabhängigkeit die Sprachenfrage. Im Rahmen der »Renorwegisierung« sollte der Name der Krönungsstadt verändert werden. Am 1. Juni 1929 beschloss das Parlament, dass Trondhjem den dänischen Namen aufzugeben und wieder den Namen Nidaros zu führen habe; die knappe Mehrheit von 57 zu 54 Stimmen spiegelte die Spaltung des Parlaments. Doch die Bewohner wollten den inzwischen jahrhundertealten Namen behalten. Während dieses Streits wurde im Rahmen des neunhundertjährigen Olavsjubiläums am 28. Juli 1930 der wieder hergestellte Nidarosdom feierlich eröffnet. Die Proteste der Einwohner gegen den neuen alten Namen gingen jedoch weiter, das Storting sah sich zum Einlenken gezwungen und legte am 26. Februar 1931 »Trondheim« als neuen Namen fest.

Dovrefjell – Pilgerwege und Trolle

Das Dovrefjell ist nach dem Jotunheimen das zweithöchste Gebirge Norwegens und Nordeuropas. Es erhebt sich zwischen dem ostnorwegischen Gudbrandsdalen und dem mittelnorwegischen Trøndelag und erreicht in der vergletscherten Snøhetta immerhin beachtliche 2268 Meter. Internationalen Ruf genießt es als botanische Schatztruhe ersten Ranges, als Rückzugsgebiet für selten gewordene Vögel und Insekten sowie als Lebensraum der urzeitlichen Moschusochsen; gleichzeitig ist es ein bekanntes Wander- und Skitourengebiet sowie Jagd- und Angelrevier.

Als die Abgeordneten in Eidsvoll 1814 die bis heute gültige Verfassung des Königreichs Norwegen verabschiedeten, lautete ihr abschließender Schwur: »Enige og troe til Dovre faller« – einig und treu, bis Dovre fällt. Damals, als das Land noch unvermessen war, galt die Snøhetta als höchster Gipfel des Nordens, und tatsächlich ist weit und breit kein anderes Gebirge in Sicht, das auch nur annähernd die Höhe des Dovrefjells erreicht.

In den Sagen ist das Dovrefjell ein Wohn-
platz der Trolle und anderer unchristlicher
Wesen. In der nordischen Mythologie
sind Trolle die negativen, Schaden brin-
genden Gegenstücke zu Feen und Elfen.
Während die Menschen in Midgard
leben, hausen die Trolle in Utgard.

In Vålåsjø bildet der museale »Dovregubbens Hall« eine
moderne Troll-Erlebnisstätte. Im zweiten Akt von Henrik Ibsens Drama
»Peer Gynt« ist das Dovrefjell Schauplatz von Peers Ausflug ins Reich der
Dovre-Trolle: Peer hält um die Hand der Tochter des Trollkönigs an und
sieht sich dem Widerstand von Hoftrollen, Erdgeistern und anderem
Zaubervolk ausgesetzt. Als plötzlich von fern eine Kirchenglocke ertönt,
flüchten die Trolle unter markerschütterndem Geheul und Getöse; die
Halle stürzt zusammen, und der Trollspuk verschwindet.

Königsweg über das Dovrefjell

Über die Hänge des Dovrefjells führte der uralte Weg von Ost- nach
Mittelnorwegen. Über diesen »Königsweg« (Kongeveien) zogen Könige
und Kaufleute, Pilger wallfahrteten zum Nidarosdom, Königshöfe und
Gasthäuser luden zur Rast, und Raubgesindel machte hier so manch
fette Beute. Teile des alten Gebirgsübergangs (ihn ersetzt heute die
Europastraße 6) sind erhalten beziehungsweise wurden restauriert und
sind als Wanderwege begehbar. König Christian VI. von Dänemark befuhr den Kongeveien mit großem Gefolge im Jahr 1733 und beschrieb
nach seiner Rückkehr Norwegen als Land voller Gefahren und überwäl-
tigender Naturschönheit. Das Schlimmste in diesem Land aber sei der
Weg über das Dovrefjell.

Am alten Königshof Tofte im nördlichen Gudbrandsdalen begann der
beschwerliche Weg über das Gebirge. Das älteste Gebäude des heute
unter Schutz stehenden Hofensembles von Tofte an der Hangstraße
oberhalb der E 6 datiert von 1680. Bekannt ist Tofte jedoch schon seit

*Links: Die Bergbauvergangenheit Rorøs ist an vielen Stellen sichtbar. – Rechts: In der
Trollerlebnisstätte »Dovregubbens Hall« begegnet man so manch schaurigen Gestalten.*

der Zeit König Harald Hårfagres (um 900). Harald soll hier einst ausgiebig gefeiert haben: Während des Gelages rief ihn jemand hinaus in die Winternacht, wo Snøfrid Svåsedotter stand, »die schönste Frau, die man sich vorstellen kann, sie reichte dem König eine Schale mit Milch, er nahm die Schale und Snøfrids Hand, und es war, als sei Feuer in seinen Körper gekommen«. Snøfrid wurde eine von Haralds Königinnen.

Norwegens berühmtestes Moor

Von Tofte führt der Kongeveien steil hinauf zum »Hardbakken« – der Name verweist darauf, welch harte Arbeit der Aufstieg für die Pferde darstellte – und dann nordwärts an den Rand des Moorgebiets Fokstumyra, Norwegens wohl berühmtestem Moor.

Die ältesten Beschreibungen vom unvorstellbaren Vogelreichtum dieses Moors stammen aus dem 19. Jahrhundert. Als im Jahr 1916 der Dovrebanen, die Eisenbahnlinie Oslo–Trondheim, mitten durch das Moor gebaut wurde, verschwanden fast alle Vögel. Man befürchtete damals, dass die Tiere nie mehr zurückkehren würden, doch sie gewöhnten sich an die Feuer und Rauch speienden stählernen Ungeheuer, und nun wurden Stimmen laut, dieses Vogelparadies unter Schutz zu stellen. Sieben Jahre später, 1923, wurde Fokstumyra als erstes großflächiges Naturschutzgebiet Norwegens ausgewiesen; die Vögel kamen zurück, obwohl die Eisenbahn weiter durch das Moor dampfte. Heute führt ein markierter Pfad den Besucher durch das Schutzgebiet, in dem sich Kraniche, Kampfschnepfen, Moorfalken, Blesshühner und noch eine ganze Reihe anderer Vögel beobachten und fotografieren lassen.

Von den Fokstumyra-Mooren führt der alte Königsweg, der hier zugleich als »Pilgrimsleden« (Pilgerweg) ausgeschildert ist, weiter in den Ort Hjerkinn. Die Eysteinkirche erinnert an König Øystein I. Magnusson, der während seiner Herrschaft 1103–23 als Erster Schutzhütten für Reisende am Königsweg hatte bauen lassen.

Links: Ein Prachexemplar von einem Moschusochsen in Dobrefjell. –
Rechts: Vom Aussichtsberg Tron hat man einen großartigen Blick Richtung Tylldal.

Bølareinen – Kunst am Snåsavatnet

Das Bølareinsdyret, die 1,8 Meter lange Konturdarstellung eines Rentiers an einer Felswand oberhalb des Sees Snåsavatnet in Nord-Trøndelag, ist das bekannteste Beispiel naturalistischer Monumentalfelszeichnungen. Um 3000 v. Chr. ritzten Wildbeuter mit einfachen Steinbearbeitungsgeräten dieses naturgetreue Bild in einen Felsen kurz vor der Einmündung des Bachs Bøla in den See Snåsavatnet. Die Konturlinien sind 2 Zentimeter breit und 1 Zentimeter tief. In unmittelbarer Umgebung finden sich weitere Felsbilder von Tieren, darunter das eines Bären.

UNESCO-Welterbe Røros

Røros ist die besterhaltene historische Bergbaustadt Norwegens und gehört seit 1980 zum Weltkulturerbe der UNESCO. 333 Jahre lang wurde hier kontunuierlich Kupfer abgebaut, und da nur die Brände von 1678/79 die Entwicklung kurz unterbrachen, repräsentieren die Bergbau- und Wohngebäude ein montangeschichtliches Kontinuum, das vom 17. bis ins 20. Jahrhundert reicht.

Der Norden

Nordnorwegen ist der größte und dünnstbesiedelte Landesteil Norwegens und der an Naturwundern reichste. Das Land der Mitternachtssonne erstreckt sich von der spektakulären Helgelandküste bis zum Lofoten-Archipel und zum Nordkap und endet im Osten der Provinz Finnmark an der Grenze zu Russland. Als Weltkulturerbe stehen die Vega-Inseln und die Hjemmeluft-Felszeichnungen unter dem Schutz der UNESCO. Nordnorwegen umfasst die Provinzen Nordland, Troms und Finnmark und ist mit rund 113 000 Quadratkilometern fast so groß wie Österreich und die Schweiz zusammen. Finnmark und Troms, die arktischen Provinzen der Nordkalotte, sind zusammen etwas größer als Bayern, werden jedoch nur von 246 000 Menschen bewohnt – Tendenz sinkend wegen der enormen Abwanderung in die Wachstumszentren im Süden des Landes. In ihrer Schönheit und Dramatik ähneln die Küsten und Inselreiche von Nordland und Troms der Fjordküste Westnorwegens; was sie außer in den touristischen Ballungszentren der Lofoten oder am Nordkap grundlegend unterscheidet, ist neben der Mitternachtssonne die der Abwanderung zu verdankende Ruhe und Einsamkeit.

Oben: Majestätisch ragt der Himmeltindan auf der Lofoten-Halbinsel Vestvågøya aus der herrlichen Landschaft auf. – Mitte: Viele der Häuser in Reine sind auf Pfählen ins Wasser gebaut. – Unten: Reine auf der Insel Moskenesøya ist ein typisches Fischerdorf, was im gesamten Ort zu spüren ist.

Der Norden

Im Reich der Mitternachtssonne
Sieben Schwestern – Tromsø – Nordkap – Lofoten

Etwa 80 Tage lang verdrängt die Sonne am Nordkap die Sterne, den Mond und die Nacht – ein Phänomen, das bis zum Polarkreis und darüber hinaus zu beobachten ist. Während die Sonne am Polarkreis zur Zeit der mittsommerlichen Sonnenwende für einige Tage an Mitternacht dicht über dem Horizont ihren tiefsten  *Punkt erreicht, schwebt das Gestirn aus der Nordkap-Perspektive deutlich höher über dem Polarmeer. Verbunden mit diesem »Polartag«, der zum Nordpol hin immer länger wird – am Nordpol besteht ein Jahr aus einem Tag und einer Nacht – sind große Mengen Licht- und Wärmeenergie und ein entsprechend üppiges Pflanzenleben.*

Als Erster schilderte der römische Geschichtsschreiber Publius Cornelius Tacitus in seiner geografisch-ethnografischen Schrift »Germania« (98 n. Chr.) den Nordrand Europas und das Phänomen der Mitternachtssonne: »Jenseits der Suionen [Schweden] liegt ein anderes,

träges und beinahe unbewegtes Meer. Dass es den Erdkreis umringt und umschließt, wird dadurch glaubhaft, dass der letzte Glanz der schon untergehenden Sonne so hell bis zum Aufgang anhält, dass er die Sterne verblassen lässt; hinzu tritt die Überzeugung, man höre außerdem den Klang der aufgehenden Sonne und sehe die Gestalten ihrer Pferde und die Strahlen ihres Hauptes.«

Dieses sagenumwobene Land der Mitternachtssonne war schon Jahrhunderte vor Tacitus bekannt. Der griechische Dichter Hesiod erwähnt um 700 v. Chr. als Erster die Hyperboräer, die am Rande der Welt »jenseits des Nordwinds« (hyper Boreas) wohnen. In der griechischen und lateinischen Literatur wurden die Hyperboräer zum Synonym für ein in paradiesischer Glückseligkeit lebendes Volk, das einen der klimatisch begünstigtsten Landstriche der Erde bewohnte: das mythische Nordland, in dem die Sonne alljährlich nur einmal auf- und untergehe und alle Früchte aufs Schnellste reiften.

Links: Ganz fantastisch wirkt so der Fluss Biseggelva im Borgefjell-Nationalpark.
Rechts: Vom Sjonafjord reicht der Blick bis zur Papageitaucher-Insel Lovunden.

Helgeland – heiliges Land

Diese mythische Geografie, in der das Land der Mitternachtssonne als Wunderland gedacht wurde, galt auch im Norden selbst: Helgeland erstreckt sich von der Grenze zwischen Trøndelag und Nordland bis zum Svartisen-Gletscher und dem Nationalpark Saltfjellet am Polarkreis. Der Domherr und Chronist Adam von Bremen beschrieb Helgeland um 1072 als Insel und erklärte den Namen »heiliges Land« durch das Phänomen der Mitternachtssonne.

Die Nordlandküste

Zu den spektakulärsten Küstenabschnitten von Norwegen zählt die Helgelandküste. Sie umfasst die südliche Nordlandküste mit ihren Fjorden und Tausenden von Inseln, darunter die als UNESCO-Welterbe ausgewiesenen Vega-Inseln, und die Gebirgslandschaften an der Grenze zu Schweden, darunter den 1447 Quadratkilometer großen Wildnis-Nationalpark Børgefjell. Im Norden geht Helgeland in die Landschaft am Saltfjord über, an dessen Ausgang die Hafenstadt Bodø liegt und der

gewaltige »Saltstraumen« eine der mächtigsten Gezeitenströmungen erzeugt.

Im Süden der Insel Torget erhebt sich der 260 Meter hohe Torghatten aus dem Nordmeer. Dieser hutförmige Granitkoloss dient seit Menschengedenken der Schifffahrt als Wegzeichen. Mitten in den
Felsmassen klafft ein weithin sichtbares Loch. Wenn die Hurtigruten-Schiffe von Brønnøysund aus Kurs Richtung Süden nehmen, machen sie einen Umweg, um den Passagieren einen Blick auf dieses Naturwunder zu erlauben: Das Loch öffnet sich 112 Meter über dem Meeresspiegel, die Höhlung erreicht eine Segelschiffhöhe von bis zu 75 und eine Breite von bis zu 25 Metern.

Wer diesen Berg in der Nebensaison erwandert, wenn keine Reisegruppen mehr durch die Höhle geschleust werden, tritt in eine andere Wirklichkeit. Die zusammenrückenden Felsflanken, dunkelgrün leuchtende Moose als einzige Farbe außer grauem Granit, die Stille – alles verdichtet sich zu einer fast mythischen Stimmung. Jeder Schritt hallt in der Durchgangshöhle wider, über die feuchten Wände sickert Wasser, den Boden bedecken ausgebrochene Felsblöcke, und vom seeseitigen Ende der Höhle fällt der Blick wie von einem Thron aus über die Inseln und Schären vor der Küste von Helgeland. Ausgeschürft wurde diese Durchgangshöhle von der Brandung, als das Land 110 bis 120 Meter tiefer lag als heute.

Sieben Schwestern

Sagen verbinden den Torghatten mit nahezu allen anderen »Naturwundern« der Helgelandküste. Viele dieser Orte dienten seit der Steinzeit als Wohnplätze, tragen menhirartig aufragende Bautasteine oder sind mit Felszeichnungen geschmückt. Als die zentralen Gestalten dieser Sagen fungieren die zauberische Lekamøya und die sieben Töchter des Sulitjelma-Königs sowie als Gegenspieler der Hestmannen (Pferdmann).

Links: Der Plateaugletscher Svartisen umfasst 350 Quadratkilometer. – Rechts: Die besondere Form des Torghatten legte den Grundstein für die Legende um diese Landschaft.

Das gesamte Sagenpersonal, in dem sich die Mythen uralter Zeiten verkörpern, soll bei einem Sonnenaufgang in Stein verwandelt worden sein, so der Hestmannen, der sein stolzes Haupt seither in 568 Meter Höhe auf der kleinen Insel Hestmona am Polarkreis erhebt. Vor allem die Spuren der mächtigen Lekamøya sind fast allgegenwärtig, und in vielem erinnern die ihr zugedachten sagenhaften »Hausratsgegenstände« an das steinerne Inventar, das in der Bretagne und anderen Landschaften der Jungfrau Maria zugeschrieben wird. So wird der Bautastein bei Tjøtta unweit der Sieben-Schwestern-Gipfelgruppe »Lekamøyas Stricknadel« genannt, die anderen Bautasteine von Tjøtta Lekamøyas »Teigrolle«, »Kuchenblech« und »Teig«.

Auf der Insel Alsten erhebt sich die Gipfelgruppe der Sju Søstre als eines der Wahrzeichen der Helgelandküste. Die in der Botnkrona (1066 Meter) gipfelnde, von der Erosion der Gletscher geprägte Bergkette ist die steinerne Verkörperung der »Sieben Schwestern«. Die Schwestern waren Töchter des Königs von Sulitjelma; Sulitjelma ist das vergletscherte Gebiet östlich des Saltfjords an der Grenze zu Schweden. Einst besuchte Lekamøya die sieben Schwestern, und die acht Frauen begaben sich auf die Insel Landego, um an der Küste zu baden. Aber der Hestmannen saß auf der Lauer und beschloss, Lekamøya zu fangen. Er wartete, bis sich die Frauen schlafen gelegt hatten, bestieg um Mitternacht sein Zauberpferd und ritt über den Fjord. Eine der Frauen entdeckte ihn und alle flohen südwärts. Die sieben Schwestern gaben erschöpft auf der Insel Alsten auf, und Lekamøya setzte die Flucht allein fort. Da der Hestmannen Lekamøya nicht einholen konnte, schoss er einen Pfeil auf sie ab. Der Lärm hatte inzwischen den Brønnøy-König geweckt, welcher seinen Hut vor den Pfeil warf. Der Zauberpfeil durchbohrte den Hut und hätte auch Lekamøya durchbohrt – wäre in diesem Augenblick nicht die Sonne aufgegangen: Ihre Strahlen verwandelten

Links: Einsamkeit am Tysfjord im Nordland. Im Herbst gibt es hier Schwertwale. – Rechts: Die »Sieben Schwestern« auf der Insel Alsten.

alle in Stein. Aus der durchschossenen Kopfbedeckung wurde der Torghatten, die Sieben Schwestern wurde als Sju Søstre eine der Gipfelgruppen der Küste, ganz im Süden steht die rote Lekamøya mit flatterndem Gewand und weit draußen der Hestmannen.

Die rote Insel

Leka, eine Insel in dem Übergangsbereich von Trøndelag und Nordland, bildet den südlichsten Ausläufer der Helgelandküste. Gesäumt von einer Strandplatte erhebt sich auf Leka ein Fjell aus rostrotem Gestein, das in 422 Meter Höhe im Lekatinden gipfelt und in dem Südausläufer Lekamøya sein Wahrzeichen hat. Lekamøya ist die in Stein verwandelte gleichnamige Sagengestalt, und wer sie vom Schiff von Südosten aus sieht, kann sich tatsächlich mit einiger Fantasie vorstellen, dass es sich um eine gigantische Frauengestalt handelt, die mit flatterndem Gewand südwärts eilt. Am Fuß der Lekamøya öffnet sich die Solsem-Höhle mit ihren steinzeitlichen Felsmalereien. Tatsächlich ist die rote Insel geradezu übersät mit denkwürdigen archäologischen Zeugnissen. Der Herlands-

haugen ist mit zehn Meter Höhe und einem Durchmesser von rund 70 Metern Norwegens zweitgrößtes Hünengrab. Erreichbar ist diese schöne Insel in einer 20-minütigen Fährfahrt von Gutvik aus, und auch der schön gelegene Campingplatz ist ein Unikum: Die Hütten sind nicht in Holz, sondern aus dem rötlichen Serpentingestein erbaut, aus dem die Insel besteht. Nördlich vorgelagert ist der Insel das überwiegend flache, grasbewachsene Schärenreich Leknesøyene, ein bedeutendes Rückzugsgebiet für Vögel.

Tromsø – Hauptstadt am Eismeer

Die Universitätsstadt Tromsø, Hauptstadt der Provinz Troms, ist mit 62 000 Einwohnern die größte Stadt Nordnorwegens und im Sommer das »Paris des Nordens« mit Fußgängerzonen, Grünanlagen und den Kais am Hafen, mit Theater, Museen, Restaurants und Cafés sowie der Schwebebahn auf den Storsteinen (420 m), der eine prachtvolle Aussicht auf die Stadt inmitten der durch die Wärme des Golfstroms klimatisch begünstigten Inselwelt im Nordwesten Norwegens bietet. Tromsø wurde

legendär als Ausgangspunkt von Arktis-Expeditionen.

Das Polarmuseum dokumentiert die Unternehmungen von Adolf Erik Nordenskiöld, Roald Amundsen, Fridtjof Nansen u. a. Berühmtestes Bauwerk der von Hitlers Wehrmacht 1944 zu einem großen Teil zerstörten Inselstadt ist die »Eismeerkathedrale« (1965) aus stilisierten »Eisplatten« (Aluminium).

Vesterålen und Vega-Inseln

Die gebirgige Inselkette Vesterålen erstreckt sich auf einer Nord-Süd-Länge von 150 Kilometern vor der Küste von Troms und geht im Süden fast nahtlos in den touristisch bekannteren Lofoten-Archipel über. Als Trennung wird der schmale Raftsund mit dem auf der Lofoten-Seite liegenden Trollfjord angesehen. Mit Fjorden und Meerengen, Schären, Flüssen und Seen, Mooren, Tälern und Hochebenen ähneln sich die beiden Inselgruppen, zu Füßen der alpinen Gipfel befinden sich Sandstrände. Ihre Hauptinseln sind Hinnøya – mit 2205 Quadratkilometern die größte Insel Norwegens –, Langøya (860 km^2) und Andøya (490 km^2). Auf Hinnøya liegt der Nationalpark Møysalen.

Die nordnorwegischen Vega-Inseln vor der Helgelandküste gehören seit 2004 zum UNESCO-Weltkulturerbe. Die raue Landschaft spiegele eine über 1500-jährige Fischerei- und Landwirtschaftsgeschichte, heißt es in der Begründung. Die malerische Szenerie ist geprägt von Fischerdörfern, Lagerhäusern und Leuchttürmen sowie den sogenannten Eiderhäuschen, Bruthäuschen für Eiderenten, deren Daunen hier traditionell gewonnen und weltweit exportiert werden.

Die Vega-Inseln bestehen aus 6500 kleinen Inseln und Schären, die sich im Nordmeer verteilen. Bizarre Felsformationen ragen aus der ansonsten mit grünen Moos- und Grasmatten bedeckten Inselgruppe auf. Die höchsten Berge auf der Hauptinsel Vega sind 800 Meter hoch.

Links: Die Tromsø-Brücke verbindet das Zentrum auf der Insel Tromsøya mit dem Stadtteil Tromsdalen auf dem Festland. – Rechts: Die Eismeerkathedrale in Tromsø.

Die Top Ten Norwegens

Lofoten

Die Inselkette Lofoten ist die Hauptsehenswürdigkeit der Nordlandküste. Der aus sieben Haupt- und Hunderten kleinerer Inseln bestehende Archipel ist ein versunkenes Gebirge, dessen Gipfel während der nacheiszeitlichen Landhebung wieder aus der See auftauchten. Aus der Ferne wirken die Lofoten, die steil bis zu über 1000 Meter aus dem Wasser ragen, wie eine bizarr gezackte Felswand.

Sognefjord

Als längster Fjord schneidet bei Bergen der 204 Kilometer lange Sognefjord in die Bergwelt ein. An seinem Ende steht die von der UNESCO als Kulturerbe der Menschheit ausgewiesene Stabkirche von Urnes in unmittelbarer Nachbarschaft der höchsten Berge Nordeuropas: Nur 15 Kilometer Luftlinie sind es vom Fjord bis zum 2469 Meter hohen Galdhøpiggen. Eine weitere Hauptattraktion ist die Flåmsbahn; diese Eisenbahnlinie überwindet auf einer Steilstrecke 870 Höhenmeter auf einer Länge von nur 20 Kilometern. Weiteres Highlight am Sognefjord ist der Nærøyfjord, ein bis zu 250 Meter schmaler Seitenarm, flankiert von bis zu 1800 Meter hohen Felswänden – auch er auf der Welterbeliste.

Geirangerfjord

Der Geirangerfjord in Sunnmøre steht als eine der schönsten Landschaften der Erde als Weltnaturerbe unter dem Schutz der UNESCO. Die Passstraße »Ørneveien« (Adlerstraße) vom Geirangerfjord nach Eidsdal am Norddalsfjord ist mit neun Haarnadelkurven eine der atemberaubendsten Bergstraßen Skandinaviens. Östlich benachbart ist die Serpentinenstraße Trollstigen. Aus dem unteren Romsdalen nahe der Hafenstadt Åndalsnes schraubt sich der »Steig der Trolle« in elf Haarnadelkurven mit Blick auf die Gipfelwelt der Romsdalsalpen aufwärts zum Aussichtspunkt Stigrøra (858 m) beim 320 Meter hohen Stigfossen.

Nationalpark Jotunheimen

Der Sognefjellvegen von der Stabkirche in Lom durch den vergletscherten Nationalpark Jotunheimen ist die höchstgelegene Touristikstraße Skandinaviens. Zu den Top-Abstechern zählt die Stichstraße zum Sommerskizentrum am Berghotel Juvasshytta, der höchstgelegenen (1841 m) mit dem Auto erreichbaren Unterkunft Norwegens, am Fuß des Galdhøpiggen (2469 m).

Besseggen und Gjende-See

Der See Gjende (984 m) im Nationalpark Jotunheimen ist einer der schönsten Gebirgsseen Skandinaviens. Fjordartig schneidet der gletschertrübe, smaragdgrüne See in das Gebirge ein. An seinem Nordufer erhebt sich der Besseggen, der bekannteste Felsgrat Norwegens und ein Wanderklassiker. Wer nicht gut zu Fuß ist, unternimmt die eindrucksvolle Fahrt auf dem See: Von Gjendesheim an der Ostbucht fährt das Ausflugsschiff zu den autofreien Bergherbergen Memurubu und Gjendebu im Nationalpark.

Lysefjord

Der Lysefjord schneidet östlich von Stavanger auf 40 Kilometern in die Bergwelt der Ryfylkeheiene ein und ist mit seinen bis zu 1000 Meter hohen Felswänden – am bekanntesten Prekestolen und Kjerag – eine Hauptsehenswürdigkeit Norwegens. Die Felskanzel Prekestolen stürzt auf drei Seiten senkrecht und in Überhängen 604 Meter zum Lysefjord ab. Ausgangspunkt der hin und zurück etwa vierstündigen Wanderung zum Prekestolen ist das Berghotel Prekestolhytta; es ist an der Reichsstraße 13 Ryfylkevegen in Jøssang südlich von Jørpeland ausgeschildert. Die Ferienstraße Ryfylkevegen erschließt die grandiose Fjord- und Bergwelt der norwegischen Westküste vom Lysefjord im Süden bis Odda am Sørfjord zwischen den Nationalparks Hardangervidda und Folgefonna.

Nationalpark Jostedalsbreen

Der Nationalpark Jostedalsbreen bildet den Kern des Breheimen (»Gletscherheim«), der westnorwegischen Hochgebirgs- und Gletscherlandschaft. Alle Gletscher zusammen bedecken ein Gebiet von mehr als 800 Quadratkilometern. Das Miteinander von Fjord und Fjell, von Eis und Almtälern macht Breheimen zu einer Landschaft herausragender Schönheit. Der Jostedalsbreen ist mit 480 Quadratkilometern der größte

Gletscher Festlandeuropas. In alle Himmelsrichtungen entsendet er mehr als 50 Gletscharme.

Folgefonna-Nationalpark

Die Folgefonna im westnorwegischen Hordaland ist der drittgrößte Gletscher Skandinaviens. Die 212 Quadratkilometer große Eisfläche und ihre Umgebung stehen unter Naturschutz: ein abwechslungsreiches Ensemble aus Fjell und Gletscherseen, Karen und fruchtbaren Tälern mit artenreichen Laubwäldern und forellenreichen Bergbächen sowie Badeständen am Meer. Die Parkanlagen der Rosendal Baronie verdeutlichen, welch gesegnetes Klima im Westen der Halbinsel herrscht.

Bergen

Bergen am Byfjord ist neben Oslo das bedeutendste Wirtschafts- und Kulturzentrum Norwegens. Als Kulturerbe der Menschheit steht das historische Hafenviertel Bryggen unter dem Schutz der UNESCO. Der Marktplatz Torget ist einer der farbenprächtigsten und berühmtesten Skandinaviens. Die fast rundum von der See umgebene Universitätsstadt ist Ausgangspunkt der Hurtigruten-Seereise ins nordnorwegische Kirkenes. Bei klarer Sicht lohnen Bergbahnfahrten auf den 642 Meter hohen Ulriken und den 320 Meter hohen Fløyen.

Nordkap

Das Nordkap ist der Magnet des Mittsommernachts-Tourismus. Zehntausende unternehmen auf den Europastraßen 6 und 69 die mehr als 2000 Kilometer lange Fahrt zur Insel Magerøya und erleben das mitternächtliche »Wunder«, dass die Sonne nicht untergeht.

Register

Bildnachweis

Alle Bilder stammen von Erich Spiegelhalter und Martin Schulte-Kellinghaus, außer: Bernhard Pollmann: S. 30; Fritz Dressler, Worpswede: 9, 16, 24, 28, 32, 36, 38, 39, 43, 44, 47, 48, 51, 56, 57, 58, 59, 65, 67, 69, 72, 88, 96, 102, 104, 111; Axel M. Mosler, Dortmund: 54, 119u., 120u., 122, 135, 137; Fotolia: 1re. (Klingebiel, J.), 63u.re. (Lotharingia), 84 (PHB.cz), 126 (Tomfry), 133 (Ica); Picture Alliance: 73, 82, 89 (Dumont Bildarchiv), 79u.re. (Bibliographisches Institut), 83 (Lonely Planet), 87 (Okapia), 110, 116 (Arco Images GmbH); Shutterstock: 1li. (crazy82), 8o. (Katflare), 10 (agrosse), 12 (Daniil, K.), 13 (Gruene, S.), 45 (TTphoto), 63Mi. (gary718), 63u.li., 64o. (trentemoller), 66 (PHB.cz), 68 (Espen E), 76 (Hooijer, G.), 77 (YellowSummer), 79u.li., 80o. (Hotson, H.), 93u.li., 94o. (Faenkova, E.), 94u. (Laila R) 97 (Nightman1965), 103 (Poendl, P.), 105 (Andrushko, G.), 109 (Joergensen, K.), 113 (Frontpage), 119 Mi.o., 120o. (Katy's Dreams), 129o., 130o. (Filippo onez Vanzo), 130 (Eleonoracerna), 136 (Bogdan, H.), 138 (imaginasty)

Impressum

Verantwortlich: Marianne Huber
Redaktion: Britta Mentzel
Korrektorat: Viola Siegemund
Layout: graphitecture book & edition
Repro: LUDWIG:media
Kartografie: Kartographie Huber, Heike Block
Umschlaggestaltung: Frank Duffek
Herstellung: Miriam Tönnes
Printed in Italy by Printer Trento

Sind Sie mit diesem Titel zufrieden? Dann würden wir uns über Ihre Weiterempfehlung freuen.
Erzählen Sie es im Freundeskreis, berichten Sie Ihrem Buchhändler, oder bewerten Sie bei Onlinekauf.
Und wenn Sie Kritik, Korrekturen, Aktualisierungen haben, freuen wir uns über Ihre Nachricht an Bruckmann Verlag, Postfach 40 02 09, D-80702 München oder per E-Mail an lektorat@verlagshaus.de.

Unser komplettes Programm finden Sie unter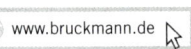

Umschlag:
Vorderseite (v.o.n.u.): Aussichtspunkt Varden (Picture Alliance/Arco Images); Nordlicht (Shutterstock/agrosse); Anker (Shutterstock/Julia Zobova); Elch (Shutterstock/Filippo onez Vanzo); Oslo (Shutterstock/trentemoller); Rückseite: Der Geirangerfjord (Erich Spiegelhalter).

S. 1 li.: Der Oslofjord nahe Oslo; re.: Boot auf den Lofoten
S. 2/3: Jotunheimen ist das höchste Gebirge Norwegens und Skandinaviens.

Die Deutsche Nationalbibliothek verzeichnet diese Publikation in der Deutschen Nationalbibliografie; detaillierte bibliografische Daten sind im Internet über http://dnb.d-nb.de abrufbar.

© 2017 Bruckmann Verlag GmbH, München
ISBN 978-3-7343-0828-4